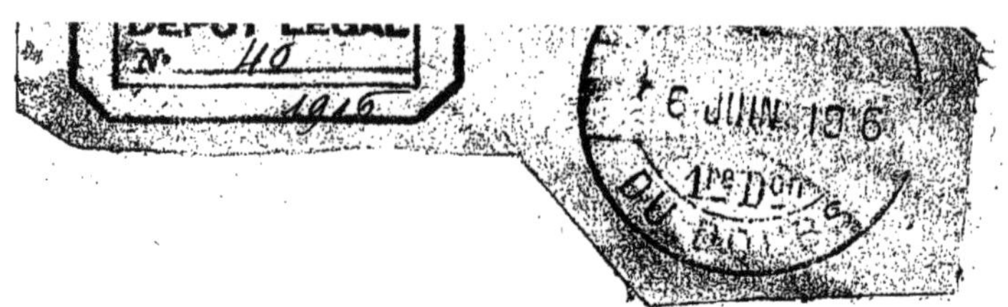

Le Théâtre pendant la guerre

NOTICES et DOCUMENTS

Le Théâtre pendant la guerre

NOTICES et DOCUMENTS

PUBLIÉS PAR

Ad. Aderer, G. Astruc, Georges Cain, M. Charlot, R. Coolus, A. Cortot
J. Coüet, Henri de Curzon
Émile Fabre, H. Gauthier-Villars, P.-B. Gheusi
P. Ginisty, Guillot de Saix, Al. Jouvin
F. Lagrange, Camille Le Senne, J. Rouché, A. Soubies

PARIS
Publications de la *Société de l'Histoire du Théâtre*
(Chez Marcel FREDET, 14, rue de la Tour d'Auvergne)
1916

Avant-Propos

La Société de l'Histoire du Théâtre ne put, en novembre 1914, reprendre ses séances, comme elle le faisait à cette époque de l'année. L'heure n'était pas aux recherches qui font l'objet de ses travaux, quelque intérêt qu'eussent ces études et bien qu'elles contribuassent à établir la richesse du patrimoine français. Quand le présent était si noblement passionnant, quand toutes les pensées se portaient vers l'avenir, mérité par une merveilleuse dépense d'héroïsme, l'attention se fût-elle librement portée vers le passé ?

Puis, après des mois où il n'y avait eu, dans le monde du théâtre, que pratique d'une solidarité qui restera tout à son honneur, ce fut, peu à peu, la reprise de la vie dramatique, attestant la confiance publique dans les destinées de la Patrie. Non l'oubli, certes, de la grandeur de la tâche de nos soldats, non que nos fortes émotions pussent être émoussées, mais le sang-froid qui permettait de demander à l'art son bienfaisant réconfort.

Cet aspect de l'existence de Paris, dans la période la plus poignante qui se soit jamais déroulée, méritait d'être fixée pour les annalistes futurs.

La Société de l'Histoire du Théâtre, dans une publication documentaire qui sera sans doute curieusement feuilletée, plus tard, s'est donné la mission d'enregistrer minutieusement toutes les particularités du mouvement théâtral en des circonstances exceptionnelles, depuis que les diverses scènes entr'ouvrirent leurs portes, après quelques expériences où on tâtait, pour ainsi dire, l'opinion. Ce tableau d'ensemble attestera la santé morale de Paris.

On devait y joindre le résumé de l'activité théâtrale s'exerçant en faveur des Œuvres nées de la guerre ou allant porter, jusqu'au front, à nos soldats, une distraction, si bien gagnée, qu'ils n'avaient pu, jusque-là, qu'improviser. Et ce sera le plus beau souvenir d'une élite d'artistes que cette communion dans le génie français, près de la ligne de feu, avec les admirables défenseurs du pays.

Enfin, un souvenir pieux devait être donné à ceux qui, passant des fictions qu'ils représentaient sur la scène aux plus âpres réalités, sont noblement tombés, les armes à la main, face à l'ennemi.

La lecture de ces pages rappellera que le théâtre, lui aussi, a fait bonne figure pendant les jours les plus émouvants de notre histoire.

ÉMILE FABRE.

LES THÉATRES SUBVENTIONNÉS

pendant la guerre

ACADÉMIE NATIONALE DE MUSIQUE

Quelques feuilles de mon Agenda

1er septembre 1914.

UDIENCE de M. Dalimier, sous-secrétaire d'État aux Beaux-Arts.

Le contrat spécial, concernant mon entrée en fonctions anticipée, est annulé en raison des événements.

J'apprends que la situation du Personnel a été réglée par le ministre de la façon suivante : la subvention de l'État intégralement répartie, une somme de 98 fr. ainsi versée mensuellement à tous ayant droit; en outre ceux-ci touchant un supplément de 10 fr. par personne et par mois, à la charge du titulaire. Les artistes du chant seuls ne touchent rien.

19 décembre 1914.

En examinant les conditions éventuelles d'une reprise de l'activité sur la scène de l'Opéra, je constate l'impossibilité de reprendre le cours des représentations régulières. Les deux tiers des musiciens, un quart des choristes, la moitié des machinistes sont mobilisés. Parmi les artistes du chant beaucoup de chefs d'emploi, notamment les ténors, ont été touchés par l'ordre de mobilisation.

J'envisage la possibilité d'organiser des concerts au bénéfice des artistes. Tous les abonnés sont hostiles à la réouverture du théâtre.

J'écris dans ce but la lettre suivante :

Monsieur le Ministre,

Les événements ont provoqué une crise théâtrale dont il est impossible de prévoir la solution. Il est malheureusement hors de doute que l'Opéra, déjà en temps normal d'une exploitation très précaire, aura, plus que toute autre scène, à en supporter les inévitables conséquences.

Le répertoire ne saurait aujourd'hui comprendre nombre d'œuvres, comme celles de Wagner, qui furent récemment l'unique source de bénéfices ayant une étendue appréciable et certaine.

Le deuil qui envahit de nombreuses familles éloignera-t-il pendant plusieurs mois le public des salles de spectacles?

La prudence même ne conseille-t-elle pas de craindre qu'à la fin de la guerre, une crise économique passagère oblige à diminuer le prix de certaines places?.... ce qui ajouterait des difficultés nouvelles pour l'administration.

L'état de guerre crée donc, surtout pour l'Académie Nationale de Musique, une situation des plus inquiétantes.

En dépit de toutes ces circonstances préjudiciables qui constituent un cas de force majeure indiscutable, je ne saurais brusquement me soustraire à une tâche pour laquelle la bienveillance du Gouvernement et la confiance des artistes m'ont désigné, tâche que j'ai acceptée dans un but désintéressé d'art prévalant, et que je demeure toujours décidé à essayer d'accomplir, si vous voulez bien m'y aider, en acceptant quelques modifications à mon Cahier des charges, signé jadis en vue des conditions d'exploitation régulières et normales.

Tout d'abord (et c'est ma demande la plus importante) je sollicite l'exécution rapide de la fosse hermétique pour le dépôt des rideaux et du système de machinerie métallique.

Ma lettre du 1er décembre 1914 vous a rappelé le danger permanent signalé par la Commission d'incendie depuis le 4 mai 1913. Le maintien d'un pareil péril engagerait trop notre responsabilité commune.

Je ne pense pas qu'il soit possible de songer avant la fin de la guerre à l'exploitation régulière de l'Opéra. A l'heure actuelle, le personnel compte un trop grand nombre de mobilisés parmi les danseurs, les chanteurs, choristes, musiciens et machinistes

Il faudra sans doute, pendant un laps de temps indéterminé, se borner à organiser avec le concours bénévole d'artistes disponibles, des représentations spéciales ou des concerts, consacrés uniquement à des œuvres de charité et de bienfaisance.

Tant que l'exploitation normale de l'Opéra ne pourra se manifester par les représentations du soir, je demande l'autorisation de prélever sur la subvention les dépenses d'Administration : assurances, contributions, lumière, chauffage, etc...., etc....

La subvention servira, en outre, comme le principe en a été établi depuis quatre mois, à payer une partie des appointements du petit personnel. J'ai l'intention de demander à chacun un travail proportionnel à la somme reçue ; ainsi pour des appointements payés en entier, une journée de travail entière ; pour la moitié des appointements, une demi-journée de travail.

Une dernière partie de la subvention pourra être utilement distribuée à titre de secours aux parents des mobilisés et au personnel le plus nécessiteux.

Vous savez, Monsieur le Ministre, combien m'importait pour la gestion heureuse de l'Opéra le répertoire wagnérien. Quel que soit le mérite des œuvres de nos musiciens modernes, celles-ci sauraient-elles permettre d'escompter des succès financiers comparables à ceux des drames lyriques de Wagner? Tout en faisant une large part aux musiciens français de notre époque — et cela avec le souci d'éclectisme qui s'impose à notre première scène lyrique — il conviendra de rechercher, parmi les œuvres de nos maîtres du passé, tels que Rameau, Berlioz, etc.... celles qui présenteraient le double avantage souhaité artistique et financier.

Je vous prie en conséquence de vouloir bien replacer, au Cahier des charges, un article qui figurait dans celui de mes prédécesseurs.

Si je remets à la scène des chefs d'œuvre incontestés comme *les Troyens* et *Castor et Pollux* dont le matériel n'existe pas, je vous demanderais que les frais de cette mise en scène soient comptés comme frais d'un ouvrage nouveau.

Le nouveau Cahier des charges a apporté des restrictions aux droits conférés aux Directions précédentes d'employer la totalité du matériel, en décors, costumes, accessoires, etc...., aux besoins de leur exploitation.

L'État a pu craindre, non sans raison, que des modifications successives, par exemple de décors, décidées sans ménagements comme sans discernement, ne deviennent, en fait, équivalentes à une destruction, mais l'on ne saurait perdre de vue que ces modifications peuvent aussi être effectuées raisonnablement et avec le souci de conserver ces décors dans un état qui permette de les restituer sans dommage à leur destination primitive.

Je me permets d'appeler votre attention sur les réparations locatives du théâtre.

L'état dans lequel se trouve le bâtiment tout entier, depuis la rotonde des Abonnés, jusqu'au couloir de l'Administration, est tel que le public ne cesse de se plaindre.

Une exploitation dans un pareil immeuble serait impossible. Une visite à l'Opéra vous convaincra de la nécessité d'un nettoyage total dans le plus bref délai.

Telles sont, Monsieur le Ministre, les demandes très modestes que je me permets de vous adresser et que votre esprit de justice m'accordera, j'en suis certain, après avoir réfléchi à la hardiesse de l'effort que je vais tenter dans des circonstantes des plus difficiles, pour essayer de rendre l'Académie Nationale de Musique digne de notre grand pays.

Veuillez agréer, etc....

Jacques Rouché.

26 décembre 1914.

Audience de M. Dalimier.

En réponse à ma lettre je reçois une convocation rue de Valois.

M. Dalimier m'informe au cours de cette audience que le Conseil des Ministres n'est pas favorable à l'idée d'une réouverture de l'Opéra. Il ajoute qu'il ne voit aucune utilité à modifier dès à présent partiellement le Cahier des charges puisque des événements impossibles à prévoir pourront ultérieurement imposer un remaniement plus important. Je propose de commencer mon exploitation régulière trois mois après la fin des hostilités. M. Dalimier, estimant qu'il n'y a pas encore lieu de fixer une date, développe avec insistance l'avantage, auquel je ne dois pas, dans mon propre intérêt, renoncer, de n'être pas lié envers l'État et de pouvoir en toute liberté attendre les événements. Je lui répète mon intention formelle de ne pas me dégager et d'exploiter mon privilège aussitôt que les circonstances le permettront.

Notre accord de ce jour est confirmé par la lettre suivante datée du 30 décembre 1914 :

Monsieur le Directeur,

Par arrêté en date du 25 novembre 1913 vous avez été nommé Directeur de l'Académie Nationale de Musique et de Danse pour sept ans à partir du 1er janvier 1915.

Nous sommes d'accord avec vous pour reconnaître que les événements actuels ne vous permettent pas d'exploiter l'Opéra dans les conditions prévues et arrêtées par le Cahier des charges.

Cette impossibilité vous met dans l'obligation d'ajourner le début de votre contrat de sept ans à une date ultérieure.

Cette date sera fixée d'un commun accord dès que les événements le permettront.

Nous fixerons au même moment le délai qui vous sera nécessaire pour préparer l'exploitation régulière de l'Opéra.

Veuillez agréer, etc....

Le Ministre de l'Instruction Publique
et des Beaux-Arts
A. SARRAUT.

6 janvier 1915.

Réunion à l'Opéra, à laquelle assistent les artistes titulaires des différents emplois : Mmes Bréval, Gall, Lapeyrette, Boni (en l'absence de Mlle Zambelli), MM. Franz, Delmas, et Noté.

Je leur expose mes démarches auprès du Ministre et du Sous-Secrétaire d'État, et je propose de fonder une caisse de secours pour les artistes, alimentée par des représentations qui, en raison des frais excessifs pour tout spectacle donné à l'Opéra même (chauffage, 48,000 fr.; balayage, 29,000 fr.; éclairage, 220,000 fr.; assurances, 52,000 fr.; contributions, etc.), pourraient être organisées soit au Trocadéro, soit au Conservatoire, soit à la Gaîté.

Mon projet consiste à donner des concerts historiques au Conservatoire et des matinées d'opéra, le jeudi et le dimanche, dans un théâtre. Tout en étudiant les moyens de réalisation, j'adresse le 11 janvier 1915 la demande suivante au Ministre :

Monsieur le Ministre,

J'ai fait part aux artistes du chant de notre dernier accord pour renvoyer à une date ultérieure la réouverture de l'Opéra Je leur ai exprimé nos regrets communs d'être obligés de différer ainsi la reprise des spectacles.

Mais, comme la subvention est intégralement répartie entre le petit personnel, les Artistes du chant et les étoiles de la Danse n'ont droit à aucune allocation.

En présence d'une situation particulière qui peut durer quelques mois, j'ai jugé nécessaire d'organiser pour ces artistes des manifestations musicales dans d'autres salles que celle de l'Académie Nationale de Musique et de Danse.

Je souhaiterais donner le dimanche en matinée, à partir de février, des concerts de musique et de danse dont les programmes comprendraient des fragments d'œuvres lyriques anciennes constituant les assises d'une histoire de l'Académie de Musique.

Vous avez bien voulu me promettre de m'autoriser à donner ces manifestations lyriques dans la salle de l'ancien Conservatoire, rue du Conservatoire; je vous serais obligé de vouloir bien me confirmer cette autorisation. Si je me permets de vous demander de le faire dans un bref délai, c'est parce que j'ai la conviction que vous tiendrez à manifester, par la spontanéité de votre bienveillance, l'intérêt particulier que vous portez aux artistes de la Maison.

Veuillez agréer, etc....

Jacques ROUCHÉ.

10 janvier 1915.

Je ne tarde pas à apprendre que pour des raisons diverses et malgré l'acceptation ministérielle, il est difficile d'organiser au Conservatoire les concerts projetés. D'autre part les conditions proposées pour la location du Théâtre de la Gaîté sont inacceptables.

12 janvier 1915.

Réunion générale des Délégués du personnel.

Ceux-ci demandent, en dehors des parts qu'ils touchent sur la subvention, un cachet fixe pour chaque participation à une représentation ou à une répétition. A cette demande les Artistes du chant objectent qu'il leur paraît légitime de voir ceux qui déjà touchent la subvention, renoncer à un cachet en faveur des artistes qui n'en touchent point. Les délégués persistent dans leur demande, en ajoutant que les musiciens et les choristes ne sont pas libres le dimanche. Le dimanche étant seul jour de recette, un autre arrangement s'impose.

14 janvier.

Le Sous-Secrétaire d'État reçoit les artistes qui m'accompagnent : MM. Delmas et Noté, Mmes Bréval, Gall, Lapeyrette, Le Senne et Boni. Il promet d'insister auprès du personnel artistique (chœurs et orchestre) afin d'obtenir de lui un concours gratuit et dominical.

18 janvier.

Réunion des artistes.

Ma proposition de donner des matinées au Trocadéro est acceptée et la question se pose de savoir s'il serait possible de jouer des œuvres comme *Samson et Dalila, Faust, Roméo et Juliette.*

27 janvier.

Appelé dans le cabinet du Sous-Secrétaire d'État. Celui-ci m'informe qu'il a reçu les délégués du personnel artistique de l'Opéra. D'après leurs explications, sa conviction est faite : ce personnel a droit à une allocation pour chaque représentation ou répétition en plus de la part touchée sur la subvention; on ne peut exiger de ce personnel une présence dominicale, contraire aux habitudes. En conséquence il propose un arrangement transactionnel : les représentations à donner au Trocadéro auront lieu des jours fériés : le 16 février, jour du Mardi gras; 11 mars, jour de la Mi-Carême ; 5 avril, lundi de Pâques.

30 janvier.

J'étudie, avec M. Dethomas, une mise en scène de *Samson et Dalila*, adaptée au cadre particulier du Trocadéro. Il serait possible de donner l'illusion d'un théâtre antique en se servant des gradins existants, en dissimulant l'orgue, etc. Mais à ce projet l'architecte du Trocadéro, consulté, oppose le manque de solidité de l'estrade, des impossibilités matérielles. De plus les frais seraient énormes.

Renonçant désormais à toute tentative de ce genre je me borne à la réalisation d'un programme composé de fragments d'opéras détachés.

Les matinées sont données aux jours fériés prévus et suivant les programmes ci-joints.

MATINÉE DU 16 FÉVRIER 1915

PREMIÈRE PARTIE

Ouverture du ROI D'YS . . . . Ed. LALO.
Violoncelle solo : M. DUMOULIN.

Duo d'HAMLET . . . . Amb. THOMAS.
Mlle HENRIQUEZ ; M. LESTELLY.

Quatuor de RIGOLETTO . . . . VERDI.
Mmes B. MENDÈS, BONNET-BARON ; MM. LAFFITE, NOTÉ.

Air des Colombes (SALAMMBO) . . . . REYER.
Mlle DEMOUGEOT.

Air de THAIS . . . . MASSENET.
Mlle BUGG ; M. DELMAS.

Air et duo de SAMSON ET DALILA . . . . SAINT-SAENS.
Mlle LAPEYRETTE ; M. NOTÉ

DANSES ANCIENNES . . . . RAMEAU.
(Passepied et Menuet de *Castor et Pollux*, Rigodon de DARDANUS.)
Mlles ZAMBELLI, Aïda BONI, MEUNIER, PIRON.

DEUXIÈME PARTIE

Prélude de FERVAAL . . . . Vincent d'INDY.
Sous la direction de l'auteur.

Scène première de HULDA . . . . César FRANCK.
Mlles BOURDON, DAUMAS.
Sous la direction de M. Vincent d'INDY.

Mort de Vita (L'ÉTRANGER) . . . . Vincent d'INDY.
Sous la direction de l'auteur.

Air du CID . . . . MASSENET.
Mlle MÉRENTIÉ.

Quatuor de HENRY VIII . . . . SAINT-SAENS.
Mlles DEMOUGEOT, LAPEYRETTE ; MM. LAFFITE, DELMAS.

Trio de FAUST . . . . GOUNOD.
Mlle Yvonne GALL ; MM. LAFFITTE, CERDAN.

LA MARSEILLAISE . . . . ROUGET DE L'ISLE.
M. DELMAS et les Artistes de l'Opéra.

MATINÉE DU 11 MARS 1915

Ouverture de ROMA . . . . MASSENET.
L'ORCHESTRE.

MA MÈRE L'OYE, ballet . . . . Maurice RAVEL.

Chorégraphie de M. STAATS.

La Belle . . . . . . Mlles BARBIER. Laideronnette . . . Mme AVELINE.
La Fée . . . . . Léa PIRON. Le Prince Charmant . Mlles G. FRANCK.
Florine . . . . . SCHWARZ. Serpentin Vert. . . DELSAUX.
La Bête . . . . M. RAYMOND.

Demoiselles d'honneur, Grandes Dames, Seigneurs, Pagodins et Pagodines, Petits Poucet, Oiseaux, etc.

Pavane : Mlles C. AVELINE, A. FRANCK, CEBRON, ROUSSEAU, ODANI, ROLLA, MONCEY, ROVANTE.

Demoiselles d'honneur : Mlles BREVIER, CARRÉ.

L'Amour : Mlle ROSELLI. *Petit Poucet :* Mlle FAIVRE.

FAUST (Deuxième acte, *Scène du Jardin*). . . . . GOUNOD.

Marguerite . . . Mlles Yvonne GALL. Siébel . . . . . Mme LAUTE-BRUN.
Marthe . . . . LAPEYRETTE. Faust . . . . . . M. LAFFITTE.
Méphistophélès . . . . M. DELMAS.

OFFRANDE A LA LIBERTÉ, scène patriotique . . . . GOSSEC.

La Marseillaise . . Mlles LAPEYRETTE. La Belle Bourbonnaise Mme LAUTE-BRUN.
Charmante Gabrielle BUGG. Le Conscrit . . . . MM. NOTÉ.
La Charité . . . DAUMAS. Thomas . . . . . LESTELLY.

DANSE : Mlle URBAN; M. STAATS.

Mlles B. LEQUIN, S. KUBLER, SAUVAGEAU, M. NOINVILLE, CHARRIER, DUPRÉ, BRANA, MARCELLE, H. DAUWE, MAUPOIX, GARNIER, EMONNET, DELORD, L. NOINVILLE, E. KUBLER, TERSEN, S. DAUWE, COUSSOT, LÉONCE, ROLLA.

L'Orchestre sera dirigé par MM. BUSSER et Gabriel GROVLEZ.

MATINÉE DU 5 AVRIL

RIGOLETTO . . . . VERDI.

Rigoletto . . . . M. NOTÉ. Johanna . . . Mme BONNET-BARON.
Gilda . . . . . Mlle Yvonne GALL. La Comtesse . Mme COSSET.
Le Duc . . . . M. LAFFITTE. Borsac . . . MM. GONGUET.
Madeleine . . . . Mlle LAPEYRETTE. Marcello . . . CHAPPELON.
Sparafucile . . . MM. A. GRESSE. Cépranо . . . DELPOUGET.
Monterone . . . NARÇON. Un page . . . Mme NOTICK.

2e *Acte de COPPÉLIA* . . . . Léo DELIBES.

Frantz, Mlle Léa PIRON. Swanilda, Mlle ZAMBELLI. Coppélius, M. RAYMOND.

Mlles EVEN, G. FRANCK, C. BOS, E. ROGER, B. LEQUIEN, S. KUBLER, SAUVAGEAU, M. NOINVILLE, CHARRIER, BRANA, Marcelle GARNIER.
MM. GIRODIER, Ch. JAVON, FÉROUELLE, J. JAVON, PERROT.

OFFRANDE A LA LIBERTÉ, scène patriotique . . . . GOSSEC.

La Marseillaise . . Mlle LAPEYRETTE. Thomas . . . . M. NARÇON.

MM. GONGUET, DELRIEU, FRÉVILLE, CHEYRAT, CLAUDIN, CHAPPELON, DELPOUGET, REY, BERNARD, LONGUECAMP.
Mmes HARAMBOURE, GAUTHIER, NOTICK, DOYEN, HAMMELIN, COSSET, NARÇON, NIZET, BLOUME, BONNEVILLE.

DANSES : Mlle URBAN; M STAATS.

Mlles B. LEQUIEN, S. KUBLER, SAUVAGEAU, M. NOINVILLE, CHARRIER, DUPRÉ, MILHET, BRANA, MARCELLE, H. DAUWE, MAUPOIX, GARNIER, EMONNET, DELORD, L. NOINVILLE, E. KUBLER, TERSEN, S. DAUWE, COUSSOT, LÉONCE.

Orchestre sous la direction de M. Henri BUSSER.

MATINÉE DU 29 AVRIL 1915

FAUST . . . . GOUNOD.

Faust	MM. LAFFITTE.	Marguerite . . .	Mlles BUGG.
Méphistophélès. .	GRESSE.	Siébel.	COURBIÈRES.
Valentin	LESTELLY.	Marthe	DOYEN.

DANSE : Mlles JOHNSSON, BARBIER, SCHWARTZ, PIRON, SIREDE.

Résultat des quatre représentations données au Trocadéro

	Bénéfice	Déficit
16 février. . .	1.875	
11 mars . . .		4.290
5 avril . . .	3.127	
29 avril . . .		2.540
	5.002	6.830

Comme il a été convenu au début, les insuffisances de recettes n'entrent pas en ligne de compte : elles sont à ma charge. Il reste donc une somme de 5,002 fr. à distribuer entre les artistes, soit 60 fr. par artiste et un cachet uniforme de 30 fr. pour chacun des artistes qui ont pris part aux représentations.

DÉPENSES

Droits des pauvres et versement à la Fraternelle. .	5,799 fr. »
Location salle Trocadéro, affichage et frais divers .	13,635 fr. 55
Orchestre, chœurs, danse et ballet, habilleuse, figurants, accessoiristes, gratification au personnel .	11,172 fr. 25

Les résultats sont insuffisants, principalement parce que les jours de spectacles choisis ne sont pas considérés comme fériés cette année. Les frais payés, il ne reste pour les artistes qu'une somme dérisoire, et il faut renoncer à toute idée de renouveler ces manifestations.

25 août 1915.

La situation générale s'étant légèrement modifiée au cours de l'été, l'activité des affaires reprenant peu à peu, malgré la prolongation de la guerre, j'adresse la lettre suivante au ministre :

Monsieur le Ministre,

Voilà plus d'une année que les portes de l'Opéra ont été fermées par la guerre, et le temps ne paraît pas venu encore de reprendre les représentations régulières du soir : les absences causées dans les rangs du personnel par la mobilisation, les conditions matérielles et morales de la vie à Paris y font obstacle. Il importe cependant d'essayer une réouverture au moins partielle, à l'exemple de ce qu'on a pu faire sur d'autres théâtres. Il y va de l'intérêt de trop d'artistes, privés à la foi de leurs moyens d'existence et du contact avec le public qui leur est à peine moins nécessaire.

Je viens donc vous demander l'autorisation de donner, à partir du mois d'octobre, des matinées qui auront lieu les jeudis et les dimanches, afin d'être accessibles au grand public et à la jeunesse. Chacune de ces matinées comprendra un programme varié, où la musique de l'opéra et les divertissements de la danse alterneront. On s'attachera particulièrement à replacer chaque ouvrage dans son temps par le choix des costumes, des décors et des intermèdes. Le présent aura des droits égaux à ceux du passé; et par une première application du principe d'éclectisme que nous avons pris pour guide, nous ferons une large part aux productions des musiciens contemporains sans aucune exception d'école ni de doctrine. Ainsi le public assistera à l'histoire de la musique d'opéra; il pourra se convaincre que la tradition française s'affirme aujourd'hui plus forte et plus riche que jamais.

Des parties de dialogue ou de récitation poétique pourront être admises, au cas où le caractère de l'ouvrage l'exigerait; par exemple, dans les ballets du XVIIe siècle ou des fragments d'œuvre comme *Prométhée*, de M. Gabriel Fauré, ou encore pour expliquer et compléter la reconstitution d'un ensemble comme serait l'Académie de Baïf.

Ce projet aurait d'autre part, l'avantage de permettre la reprise du travail à l'Opéra : leçons, répétitions; d'assurer la préservation des costumes et des décors ainsi que l'entretien général du bâtiment.

Veuillez agréer, etc....

Jacques ROUCHÉ.

A la suite de diverses entrevues le cahier des charges provisoire est adopté sur les bases principales suivantes :

Les bénéfices seront distribués aux artistes. Les pertes resteront à ma charge.

Le personnel continuera de toucher directement la subvention et un cachet supplémentaire par représentation.

Un maximum de 300 fr. est établi comme appointement mensuel pour le personnel administratif.

CAHIER DES CHARGES

Vu l'arrêté en date du 25 novembre 1913 réglant les clauses et conditions auxquelles sera exploitée l'Académie Nationale de Musique et de Danse;

Vu la lettre du 25 août 1915, par laquelle M. Jacques Rouché, directeur de l'Académie Nationale de Musique et de Danse, propose la réouverture partielle de l'Opéra.

Considérant que l'état de guerre actuel et les conséquences qu'il a directement ou indirectement sur l'exploitation de ce théâtre créent dans le présent et pour l'avenir une situation nouvelle dont la répercussion immédiate et après la guerre nécessite le remaniement et la revision du Cahier des charges du 25 novembre 1913; qu'il convient dès lors de reviser momentanément ledit Cahier des charges, sans préjudice d'une revision définitive en vue d'une exploitation normale et permanente;

Arrête :

L'Académie Nationale de Musique et de Danse sera provisoirement exploitée aux clauses et conditions stipulées ci-après.

Monsieur Jacques Rouché, directeur de l'Académie Nationale de Musique et de Danse, est autorisé à donner tous les jeudis et les dimanches en matinées des représentations où la musique de l'Opéra et les divertissements de la danse alterneront avec une partie de théâtre et une de concert.

Aucune durée n'est assignée à cette gestion. Elle pourra prendre fin ou se développer et, par conséquent, comporter un plus grand nombre de représentations suivant la faveur plus ou moins grande dont cette tentative artistique sera l'objet de la part du public.

Sur les 800,000 fr. de la subvention, 728,000 fr. seront partagés, comme cela a lieu depuis le début de la guerre, entre le personnel du théâtre, sous réserve que chaque bénéficiaire apportera sa part de collaboration à l'entreprise.

Toutefois le personnel mobilisé continuera à figurer parmi les bénéficiaires de l'allocation.

72,000 fr. serviront à payer les dépenses d'exploitation figurant en temps ordinaire au budget de la direction.

Le personnel participant à l'entreprise sera rétribué d'après la règle suivante :

Pour chaque collaborateur la rémunération sera calculée en prenant pour base son traitement normal et en fixant la proportion d'après le travail fourni, étant entendu que cette rémunération ne sera jamais inférieure à l'allocation perçue actuellement par lui sur la subvention.

Ainsi chacun touchera son allocation actuelle augmentée, s'il y a lieu, d'un supplément prélevé sur les fonds de l'exploitation pour parfaire la quotité déterminée par la règle ci-dessus.

Le personnel non bénéficiaire de la subvention sera payé dans des conditions à débattre d'un commun accord avec le Directeur.

Le personnel administratif, de scène, des services du bâtiment, le maître de ballet, les professeurs de danse, régisseurs, chefs d'orchestre et de chant, chefs machinistes, chef électricien, recevra le traitement attribué par la précédente direction, avec maximum de 300 fr.

Le Directeur traitera de gré à gré avec les artistes du chant et les étoiles de la danse. Ils recevront soit un traitement fixe, soit des cachets spéciaux pour chaque représentation, soit un traitement fixe avec un complément sous forme de cachets pour chaque représentation.

Les matinées étant organisées au bénéfice des artistes de l'Opéra, le Directeur distribuera à ces artistes, après prélèvement de tous les frais, les bénéfices nets que pourrait produire cette exploitation provisoire.

Musiciens. — Les Artistes de l'Orchestre assisteront gratuitement à deux répétitions par semaine.

Ils toucheront un cachet de 10 fr. pour chacune des représentations du dimanche et du jeudi, et un cachet de 5 fr. pour chaque répétition supplémentaire.

Ceux d'entre eux qui ne pourraient prêter leur concours aux matinées du dimanche seront tenus de collaborer aux matinées du jeudi. Ils assisteront à une répétition gratuite par semaine ; ils toucheront un cachet de 5 fr. pour la représentation du jeudi et un cachet de 5 fr. pour chaque répétition supplémentaire.

Chœurs. — Les artistes des chœurs assisteront gratuitement à trois leçons ou répétitions par semaine. Ils toucheront un cachet de 6 fr. pour chacune des représentations du dimanche et du jeudi et un cachet de 3 fr. pour chaque leçon ou répétition supplémentaire.

Ceux d'entre eux qui ne pourraient prêter leur concours aux matinées du dimanche seront tenus de collaborer aux matinées du jeudi. Ils assisteront également à trois leçons ou répétitions gratuites par semaine et ils toucheront un cachet de 4 fr. pour la représentation du jeudi.

Danse. — Les Artistes de la danse et du corps de ballet recevront pour chacune des représentations du jeudi et du dimanche un cachet de :

10 fr. pour les sujets.
5 fr. pour les coryphées et le 1er quadrille.
3 fr. pour le 2e quadrille.

ils assisteront aux leçons et aux répétitions gratuitement.

Au cas où d'autres matinées ou représentations seraient organisées en plus des matinées prévues du jeudi et du dimanche, les musiciens de l'orchestre et les choristes non participants des matinées du dimanche seront de droit autorisés à y prendre part et recevront pour ce service supplémentaire des cachets établis suivant la règle de l'article 4.

Les employés du contrôle seront rétribués au cachet.

Les costumiers (hommes) recevront 150 fr. par mois, y compris l'allocation mensuelle.

Les habilleuses et les couturières 110 fr., y compris l'allocation.

Les machinistes recevront leur ancien traitement diminué de 1 fr. par jour.

Les costumiers, les habilleuses et couturières, les machinistes et, en général, le petit personnel devront le temps de présence déterminé par les réglements, sauf les soirées.

Un jour par semaine sera accordé pour le repos hebdomadaire.

Le personnel aura le droit de participer ou non à l'exploitation provisoire de l'Opéra. Ceux qui accepteront les conditions ci-dessus stipulées bénéficieront des avantages pécuniaires consentis, qu'ils soient ou non employés à toutes les matinées ou représentations organisées.

Ceux qui n'accepteront pas, perdront le bénéfice de l'allocation mensuelle prélevée sur la subvention, mais ne cesseront pas de faire partie du personnel de l'Opéra et seront aussitôt réintégrés dans leurs avantages lors d'une reprise normale et permanente de l'exploitation.

Le prix des places sera fixé ainsi :

Fauteuils de balcons, Fauteuils d'orchestre	8 fr.
Stalles de parterre.	5 fr.
Avant-scènes de rez-de-chaussée, Baignoires, Avant-scènes des premières, Premières loges de face, Premières loges de côté	8 fr.
Avant-scènes des deuxièmes, Deuxièmes loges de face, Deuxièmes loges de côté	6 fr.
Trosièmes loges de face, Troisièmes loges de côté	4 fr.
Quatrièmes loges de face, Quatrièmes loges de côté, Fauteuils des quatrièmes.	3 fr.
Stalles des quatrièmes de face	2 fr.
Stalles des quatrièmes de côté	1 fr.
Cinquièmes loges	1 fr.

Le droit des pauvres en plus sur toutes les places.

Fait à Paris le 1er décembre 1915.

PAINLEVÉ.

1er décembre 1915.

J'établis le programme général des Matinées bi-hebdomadaires qui seront données au cours de cette période. Ce programme comprend trois parties :

1° Un choix d'œuvres dont l'ensemble constituera comme une exposition musicale française ;

2° Des reconstitutions historiques de concerts et spectacles ayant fait époque, ou illustrant un moment significatif de l'évolution artistique ;

3° Des actes séparés empruntés au répertoire.

JACQUES ROUCHÉ.

COMÉDIE-FRANÇAISE

Le 12 juillet 1914, la Comédie-Française avait donné la première représentation de *l'Essayeuse*, comédie en un acte de M. Pierre Veber, et du *Prince charmant*, comédie en trois actes de M. Tristan Bernard ; deux pièces gaies qui devaient fournir un spectacle pour l'été. L'administrateur général et plusieurs sociétaires venaient de partir en congé. Subitement, la situation politique se tendit au point d'inquiéter les personnes les moins défiantes. D'heure en heure, la guerre devenait plus probable. L'attaque prévue depuis longtemps par quelques esprits clairvoyants apparaissait évidente à chacun. Malgré tout, une arrière-pensée, un doute, un espoir persistaient encore : une fois de plus ces craintes pouvaient s'évanouir et rester chimériques.

Le dimanche 26 juillet, la recette était de 4,174 fr. ; le 29 et le 30, elle était réduite de moitié ; le vendredi 31, elle tombait à 820 fr. 70. Le samedi 1er août, dans l'après-midi, l'ordre de mobilisation générale était affiché pour le lendemain ; le soir on jouait *1807* et *le Prince charmant* avec une recette de 249 fr. 40. Le vendredi, quatre cent quatre-vingt-quatre places avaient été occupées ; le samedi il n'y avait plus que cent soizante-dix-neuf spectateurs, dont quarante payants : vingt sont à l'orchestre, vingt-huit au balcon. Jamais, devant ces treize cents places vides, le vers de Musset n'a été plus exact :

> J'étais seul, l'autre soir, au Théâtre-Français,
> Ou presque seul.

Le dimanche 2 août, la matinée ayant été supprimée, on jouait le soir : *la Nuit de décembre, l'Anglais tel qu'on le parle, le Voyage de M. Perrichon ;* quatre-vingt-onze spectateurs avaient payé leur place (recette 454 fr. 40) et cent dix-neuf avaient des entrées de faveur. Le lundi, le théâtre était fermé.

Dans l'après-midi du 1er août, le Comité s'était réuni sous la présidence de son doyen, M. Mounet-Sully. En l'absence de M. Albert Carré, appelé par un ordre militaire, il fallait régler toutes les questions, tous les détails dont le soin a été confié à l'administrateur général par le décret de 1850 ; il fallait aussi prendre toutes les mesures exigées par la situation, parer à toutes les difficultés du moment. Conformément aux dispositions du décret de 1812, l'administration provisoire des intérêts de la Société pouvait être confiée au Comité qui, dans la pratique, en l'absence du commissaire du gouvernement, était présidé par le doyen. Le Comité reprenait ainsi les pouvoirs dont il avait joui jusqu'en 1850; mais, tout d'abord, il fallait l'agrément du ministre. Ce fut l'objet des premières démarches.

La seconde question était celle de la libre disposition des fonds déposés en compte courant qui, l'administrateur étant mobilisé, n'avaient pu être retirés en temps utile. La mobilisation avait pris des artistes, désorganisé les services des machinistes, tapissiers et électriciens; la réquisition des chevaux avait rendu impossible le transport des décors; mais ces difficultés avaient été tranchées par la cessation des représentations. La question du moratorium, plus complexe, ne fut résolue que dans les premiers jours de septembre.

En 1870, la Comédie-Française avait installé, dans le foyer du public et la galerie des bustes, une ambulance où, du 14 septembre 1870 au 15 février 1871, cinquante-six blessés furent soignés. En 1914, la Comédie voulait organiser soit une ambulance, soit une garderie d'enfants. Tous les médecins consultés répondirent que la médecine et encore moins la chirurgie ne se contentaient plus des installations de fortune d'autrefois et que le Théâtre-Français ne convenait ni à une ambulance ni à une garderie d'enfants. Ne pouvant rien faire chez elle, la Comédie donnait alors une somme de 20,000 fr. à l' « Œuvre fraternelle des artistes », œuvre naissante, destinée à venir en aide aux artistes dramatiques, lyriques, musiciens et de music-halls. Puis, tandis que sociétaires et pensionnaires allaient dire des vers dans les ambulances de Paris ou de la Province, couturières et habilleuses confectionnaient, dans les ateliers du théâtre, des ceintures, chemises et caleçons de flanelle pour les soldats. Cette dépense était couverte par une contribution des artistes et employés de la Maison.

Le dimanche 6 décembre, après une clôture de quatre mois, la Comédie-Française rouvrait ses portes et donnait en matinée : *Horace,* des poésies, et *la Marseillaise,* au bénéfice du « Secours national » et des « Réfugiés belges ». Les représentations suivantes eurent lieu deux fois par semaine, en matinée, le jeudi et le dimanche, plus les matinées des jours de fête.

Le 7 janvier 1915, M. Albert Carré, rentré à Paris, reprenait ses fonctions d'administrateur général.

Le samedi 13 février, première représentation du soir. Le spectacle commence à huit heures pour finir à onze. On joue *le Monde où l'on s'ennuie*, avec un intermède à la fin du deuxième acte : *Une soirée chez la duchesse de Réville.* Tout en continuant régulièrement les matinées, le Théâtre donne quatre représentations du soir en février, quatre en mars, huit en avril, seize en mai, quinze en juin et dix-sept en juillet. Fermé pendant le mois d'août, le Théâtre rouvre le 1er septembre et reprend, au moins en apparence, sa vie normale en jouant tous les soirs, sauf le lundi.

Pendant la période qui s'étend de décembre 1914 à juillet 1915, les spectacles se composent d'abord de tragédies et de pièces patriotiques : *Horace*, *le Cid*, *la Fille de Roland*, *Patrie*, *Andromaque*, puis des grandes comédies de Molière : *le Misanthrope*, *Tartuffe*, avec *la Marseillaise*, *le Chant du départ*, les Hymnes nationaux des Alliés et des intermèdes composés de poésies et de récits. Pour varier ces récitations, on imagine même de gracieux tableaux tels que *les Fiançailles de l'ami Fritz*, scène alsacienne arrangée par MM. Jules Truffier et Henri Maréchal qui, ajoutée à *l'Ami Fritz*, obtient le plus grand succès ; *l'Hôtel de Rambouillet ; Valmy ! (le Salon de Mme Roland) ; les trois Muses*. Peu à peu, les pièces du répertoire ancien et moderne reparaissent et on leur adjoint quelques nouveautés : *Chevalerie* (18 février), *Colette Baudoche* (10 mai), *la Veillée des armes* (25 juin) ; ou quelque reprise : *Fais ce que dois* (28 mars). A partir du 1er septembre, sauf pour les représentations à bénéfice, la composition des spectacles est sensiblement la même qu'en temps de paix ; toutefois, il est nécessaire, avec un public assez restreint, de varier souvent l'affiche.

A la fin de novembre, le ministre de la guerre ayant décidé que nul officier ne serait admis désormais à remplir des fonctions civiles, M. Albert Carré optait pour son devoir patriotique et, sur sa demande, était provisoirement relevé de son poste d'administrateur général de la Comédie-Française. Par un arrêté en date du 2 décembre, M. Émile Fabre, auteur dramatique, le remplaçait en qualité d' « administrateur général de la Comédie-Française pour la durée de la guerre ».

Dans cette seconde période, qui s'étend du 1er septembre 1915 au 1er mars 1916, notons rapidement l'entrée au répertoire de *Pour la Couronne* (14 octobre), et de *la Figurante* (9 février) ; la première représentation de *la Première Bérénice*, par MM. Adrien Bertrand et de Bar (23 décembre), et de *l'Augusta*, par M. René Fanchois (17 février). A l'occasion du 294e anniversaire de la naissance de Molière, célébré en matinée le samedi 15 et le dimanche 16 janvier, une exposition moliéresque est ouverte au foyer. Enfin, le 26 février, le 114e anniversaire de la naissance de Victor Hugo est célébré d'une façon tout à fait heureuse par un hommage des poètes belges, italiens et anglais : Émile Verhaeren, Gabriel d'Annunzio et Sweinburne.

Pour le détail des représentations données au cours de ces deux années de guerre, nous ne pouvons que renvoyer aux volumes si complets et si précis de M. Alexandre Joannidès : *La Comédie-Française, 1914* et *1915*.

En 1872, M. Émile Perrin, rendant hommage aux administrateurs qui l'avaient précédé, regrettait que le principe d'une réserve n'ait jamais été appliqué, et il proposait le versement d'une somme annuelle jusqu'à concurrence de la constitution d'une rente d'au moins 50,000 fr. A la mort de M. Émile Perrin, cette réserve montait à 650,000 fr.; par deux fois, sous l'administration si prospère de M. Jules Claretie, elle a dépassé le million, et par deux fois des dépenses imprévues (en 1900, l'incendie; en 1913, l'achat d'un terrain pour la construction d'un magasin de décors et les frais de restauration de la salle) vinrent y faire une brèche de 500,000 fr. Grâce à la réserve, sociétaires, pensionnaires et employés, présents ou mobilisés, furent payés pendant les mois de fermeture. Ajoutons que, avec ces sentiments de solidarité et d'abnégation qui sont de tradition dans la Maison de Molière, les sociétaires, quoique perdant tout partage, ont de plus réduit leurs traitements de la même façon que ceux des pensionnaires et employés.

Depuis la réouverture, les recettes de la Comédie, encore à moitié de leur chiffre normal, n'en ont pas moins été sans cesse en croissant. De 41,188 fr. 10 en décembre 1914, elles montaient à 116,810 fr. 30 en décembre 1915 et à 140,006 fr. 90 en janvier 1916; en février, elles étaient de 120,996 fr. 80.

En outre de sa matinée du 6 décembre 1914 au profit du « Secours national » et des « Réfugiés belges », la Comédie-Française a donné huit autres matinées au bénéfice d'œuvres diverses : « Secours en Alsace-Lorraine », « Soldats aveugles », « Héros de l'air », « Journée du poilu », « Soldat blessé ou malade », etc.

Mentionnons aussi les débuts de Mme Bretty (Marinette, *le Dépit amoureux*, 7 février 1915), Damaury (La Comédie, *la Vraie farce de maître Pathelin*, 18 février), Garay-Myriel (Fatime, *Zaïre*, 8 avril), Guintini (Junie, *Britannicus*, 27 juin), Nizan (Mariette de Plassans, *la Marche nuptiale*, 3 octobre), Huguette Duflos (Myrrhine, *Socrate et sa femme*, 11 novembre), Dux (Mme de Pogis, *le Dédale*, 21 décembre); MM. Fresnay (Mario, *le Jeu de l'amour et du hasard*, 1er septembre), et de Max (Néron, *Britannicus*, 31 décembre); et René Rocher (Acis, *Polyphème*, 6 janvier 1916).

Le 11 août 1914, la Comédie-Française perdait uue gracieuse et charmante artiste, Mlle Léo Malraison; le 6 septembre, Raymond Reynal, jeune comédien plein d'avenir, était tué à l'ennemi; le 12 mars 1915, mourait Auguste Joliet, le doyen des pensionnaires; enfin, le 1er mars 1916, s'éteignait Monnet-Sully, doyen depuis 1895, l'une des plus hautes incarnations de l'art tragique français. Le Kain, Talma, Mounet-Sully : trois noms en deux siècles!

Pendant les dix-neuf mois qui viennent de s'écouler, le Théâtre-Français, fidèle à sa mission, a soutenu les âmes par la mâle et noble poésie, l'art austère de Corneille, le rire de Molière et l'enthousiasme des hymnes patriotiques.

2 mars 1916.

J. COÜET,

Bibliothécaire-archiviste de la Comédie-Française,
Secrétaire du Comité d'administration.

OPÉRA-COMIQUE

Les six premiers mois de la direction nouvelle avaient clôturé notre semestre initial, le 30 juin 1914, avec des résultats inespérés : non seulement, au lendemain d'une succession des plus lourdes selon les pronostics de l'opinion, l'Opéra-Comique conservait le haut rang qu'il avait conquis dans l'estime des musiciens ainsi que la faveur de la foule et des habitués, — mais il avait su rehausser encore l'éclat de ses représentations par une activité féconde et un redoublement de soins dans la mise en œuvre de son répertoire, de ses créations et de ses reprises.

Les recettes du semestre, dépassant nos prévisions les plus hardies, réalisaient un total supérieur à celui du précédent exercice.

Un programme touffu, varié, digne du renom universel de notre Théâtre, allait annoncer que l'Opéra-Comique, multipliant encore ses travaux, inaugurerait, au retour des vacances, une série neuve de spectacles inédits ou renouvelés.

La liste de nos pensionnaires brillait déjà des noms les plus célèbres de l'art lyrique.

Elle s'était accrue aussi des nouveaux interprètes que leurs études, leurs succès précoces ou des ambitions légitimes signalaient à notre désir de mettre en valeur tous les talents et de réserver à chaque artiste capable d'honorer la Maison sa place sur notre scène, son tour régulier dans nos distributions et la certitude de n'avoir à souffrir chez nous ni d'une rivalité despotique, ni d'un monopole interdit.

Au moment où, les études recommençant rue Favart, nous allions reprendre le courant de nos représentations, un fléau formidable s'est abbatu soudain sur le pays : la guerre — arrêtant net l'essor de la vie nationale — a brutalement barricadé les portes de l'Opéra-Comique, à la veille même de les rouvrir.

*
* *

Dès les premiers jours de la mobilisation, la direction, consciente de son devoir, a obtenu des Ministres de l'instruction publique et des beaux-arts les mesures de protection officielle destinées à garantir la vie de tous les nôtres, mobilisés ou non, en assurant le pain de leurs familles.

Le Gouvernement voulut bien, sur notre demande, attribuer au petit personnel du théâtre — orchestre, chœurs, ballet, scène, ateliers, administration, habilleurs, machinistes, magasiniers et accessoiristes — le paiement de la subvention (25,000 fr. par mois) aux trois cents participants environ qui ont eux-mêmes réparti entre eux leur allocation mensuelle, fixée à 86 fr.

Pour nourrir le millier de personnes que ces bénéficiaires et leurs familles arrivent à totaliser autour de nous, cette allocation demeurait insuffisante ; et ce fut le souci constant de la direction jusqu'au jour où, — malgré l'incorporation de notre jeunesse sous les drapeaux, la mobilisation progressive de nos territoriaux et des auxiliaires, successivement appelés dans les rangs de l'armée nationale, — nous avons voulu rouvrir à tout prix l'Opéra-Comique et demander au public des ressources élargies et de meilleurs salaires pour notre personnel.

Nos artistes surtout, privés du bénéfice des indemnités de l'État, étaient très durement éprouvés par le chômage et devaient émouvoir les premiers notre sollicitude.

Le Ministre, mis au courant de nos intentions, nous encouragea à réaliser notre plan : téméraire aux yeux de nos collègues parisiens, il nous séduisait d'autant mieux que sa réussite devait donner, à la défense de la vie nationale et du moral de tous, des éléments illimités et la haute satisfaction d'affirmer — à cent kilomètres de l'ennemi, héroïquement contenu par nos armées — la persistance « quand même » du génie lyrique de la France et la courageuse supériorité de son art, au cœur sonore et vibrant de Paris.

Toutes les traditions de l'Opéra-Comique nous adjuraient de les renouer énergiquement et d'apporter aux âmes en détresse le réconfort et la joie française des musiques de « chez nous ». Mille difficultés, de jour en jour plus graves, s'évertuaient à nous en détourner.

Nous n'avons entendu que les fières voix du passé, les nobles conseils de l'imprudence; et, le dimanche 6 décembre 1914, avec trois mois seulement de retard, malgré les obstacles amoncelés contre nous par la guerre, l'Opéra-Comique rouvrait ses portes au milieu des acclamations du public.

Il ne devait plus les refermer.

* * *

Ce que furent les premières représentations données au bénéfice du personnel et des victimes de la Guerre, nul ici ne l'oubliera jamais. Devant des auditoires sensibles jusqu'aux larmes à la moindre allusion patriotique, avec des programmes de circonstance où *la Fille du Régiment*, les hymnes et les danses des Alliés, *le Chant du Départ* et *la Marseillaise*, tout palpitants de réalité vivante et de poignante actualité, se succédaient parmi les ovations d'une foule où les blessés, les convalescents, les premiers éclopés de l'interminable bataille s'enthousiasmaient de vivre encore pour aller, le lendemain, se battre de nouveau contre l'envahisseur, — le théâtre de l'Opéra-Comique a, lui aussi, selon la parole d'un des chefs du Gouvernement, « bien mérité de la Patrie ».

Peut-être ne devrions-nous pas ici en convenir nous-mêmes. Notre modestie aurait dû, sans doute, attendre, une fois de plus, une approbation que le public et l'opinion ont bien voulu déjà nous exprimer à diverses reprises.

Mais quand on a vécu, dans Paris et dans ses environs désormais épiques, les heures tragiques et splendides du 20 août au 15 septembre de l'an dernier, on ne peut se défendre d'une sorte de fierté contagieuse, gagnée dans la fièvre de nos premières victoires.

Et nous avons eu parfois l'illusion que les applaudissements du public devant nos manifestations lyriques pour la gloire de la Patrie acclamaient, plus loin encore et plus haut que nous, l'âme chantante de la France qui n'a pas voulu mourir!

Des salles combles et les recettes du grand maximum nous permirent d'attribuer aux nôtres des cachets rémunérateurs et de verser aussitôt aux victimes de la guerre des dons et des secours dont le total dépasse aujourd'hui quarante mille francs.

C'est la part, c'est la contribution volontaire de la Maison aux œuvres nationales ou privées que nous avons pu subventionner ainsi, — sans parler du droit des pauvres et des pourcentages divers dont sont lourdement grevées nos recettes brutes.

La réussite éclatante de nos essais nous a, trois semaines après, amenés à envisager une réouverture plus complète encore et le fonctionnement normal d'une série de représentations à dates fixes — de douze à quinze fois par mois — avec des affiches toujours inspirées par les circonstances, mais enrichies en outre des reprises progressives du répertoire le plus français de notre Maison.

Bon nombre d'abonnés nous sont demeurés fidèles sans exiger de nous l'impossible, c'est-à-dire les créations onéreuses, la diversité, le nombre des spectacles dont le privilège et la primeur leur sont généralement réservés. Un public fervent nous a suivis et chaleureusement soutenus.

Tous les engagements — sans aucune exception — en vertu du Cahier des charges et du cas de force majeure créé par la guerre étaient résiliés en fait et en droit.

Notre admirable personnel a consenti, en se mettant à notre disposition, des réductions de salaires destinées à diminuer la moyenne de nos frais, beaucoup trop lourds pour essayer de marcher sans succomber immédiatement sous leur poids.

Après *la Fille du Régiment, le Ballet des Nations Alliées, le Chant du Départ* et *la Marseillaise*, après les poèmes et les à-propos d'actualité, les intermèdes lyriques interprétés par des artistes de l'extérieur, nous avons joué *la Vivandière, Carmen, Manon* et *Thérèse*, repris *les Amoureux de Catherine*, donné *Lakmé* et *Mignon*, mis à la scène *les Soldats de France*.

Puis, ce furent *Paillasse*, la première des *Scènes Alsaciennes, Louise, le Jongleur de Notre-Dame, les Noces de Jeannette* et *Cavallèria Rusticana*.

Ensuite ont reparu *Mârouf*, le premier grand succès de notre direction, et *Fortunio*.

La création de *Sur le Front*, les reprises du *Chemineau* et de *Werther*, des galas spéciaux, au Trocadéro, à la Sorbonne, partout où l'on a donné des matinées nationales ou des concerts aux blessés, enfin la contribution quotidienne et très large de l'Opéra-Comique à toutes les solennités musicales de Paris ont attesté la vitalité, le dévouement, l'inlassable générosité d'une troupe dont il faudrait citer tous les noms pour exprimer entièrement ici notre gratitude et notre orgueil.

Nous touchons à notre cent cinquantième représentation.

Sans énumérer des chiffres qui figureront ailleurs, nous avons la joie de constater que le public n'a jamais délaissé l'Opéra-Comique. Après la guerre, il aura d'autant moins désappris le chemin de notre Maison que, dérogeant audacieusement à une tradition constante, nous n'avons pas voulu fermer nos portes pendant les deux derniers mois de l'été.

Seul de nos théâtres subventionnés — et des autres — l'Opéra-Comique a joué en juillet et en août. Un succès persistant a justifié cet effort insolite.

Nos frais et nos traitements, réduits encore après entente nouvelle avec notre personnel, ont été couverts et même un peu dépassés, grâce à l'achalandage continu de notre répertoire.

Si nous avons, de janvier à juin, subi des pertes inévitables, elles ont été limitées au minimum, malgré les répétitions coûteuses, la mise au point et les complications journalières d'une exploitation, gênée de plus en plus par la mobilisation des classes successives et les engagements volontaires.

Sans le dévouement éclairé de nos chefs de service, sans leur labeur assidu, ingénieux à parer aux difficultés de toutes les heures, nous aurions, depuis longtemps, dû renoncer à la majeure partie de nos représentations. Il nous arrive de faire répéter nos figurations, recrutées forcément au hasard, pendant les entr'actes qui précèdent leurs tableaux respectifs.

Nous manquons tous les jours de machinistes, d'électriciens et d'auxiliaires. Les ténors de nos chœurs se raréfient; le contrôle est réduit à des suppléants; des premiers pupitres sont brusquement abandonnés à l'orchestre et des artistes qu'on ne peut remplacer disparaissent de l'affiche sans même avoir pu nous en prévenir.

N'importe ! Rien n'a diminué le zèle dévoué de toute la Maison. La verve, l'entrain, la confiance règnent au foyer de l'Opéra-Comique. La belle humeur, la camaraderie la plus affectueuse y réconfortent tout le monde.

Et les absents ne sont pas oubliés : nous leur avons envoyé, partout où la guerre a dispersé nos mobilisés, des subsides et des provisions, au nom de la Direction et de leurs amis.

Tous, hélas ! ne reviendront pas : nous comptons déjà, à notre connaissance, dix des nôtres tués à l'ennemi.

Leurs noms, les seuls que nous prononcerons ici — resteront gravés dans nos mémoires ; ce sont nos morts glorieux au champ d'honneur :

MAURICE CAZENEUVE, le parfait ténor, engagé volontaire, à cinquante-quatre ans, dans le même régiment que son fils (57e d'infanterie), cité à l'ordre du jour;

ALBERT BAILLY, artiste des chœurs (génie) ;

Capdevieille, musicien de l'orchestre (109e d'infanterie);

Georges Pujol, premier violon à l'orchestre, quatre fois cité à l'ordre du jour;

Richard, costumier-habilleur (train des équipages);

Ernest Michel — — —

Landmesters, brigadier machiniste (sergent d'infanterie);

René Thomas, machiniste (4e zouaves);

Malcouronne, magasinier (caporal au 119e d'infanterie);

Francis Bonnet, ateliers (336e d'infanterie).

Puisse notre liste tragique demeurer close désormais !

Nous connaissons aussi quinze blessés de l'Opéra-Comique ; ils ont valeureusement fait leur devoir.

Ainsi, l'histoire de notre Théâtre pendant la guerre aura été comme une page éclatante des annales même du pays meurtri, avec — au premier plan — ses héros militaires et — derrière eux — ses femmes laborieuses et si noblement dévouées, ses travailleurs et ses artisans des villes en rumeur, tous les pionniers, armés ou non, de la solidarité nationale devant l'ennemi.

Quarante-sept artistes femmes et quarante-huit chanteurs ont, en moins d'un an, paru sur notre scène. Ils ont été acclamés et figurent désormais avec honneur parmi les célébrités de la Maison.

Nous ne sommes pas au bout de nos peines. Nous n'avons pas atteint non plus la limite de nos sacrifices.

Après un début qui nous annonçait les plus fructueux résultats, nous demeurons, en pleine guerre, les mains vides, mais le cœur satisfait ; car nous sommes sûrs d'avoir fait notre devoir et de n'avoir rien laissé péricliter de ce qui demeure l'incomparable patrimoine artistique de l'Opéra-Comique et le gage certain de sa prospérité reconquise, après les jours d'épreuves qui n'auront paralysé nos efforts qu'à-demi.

Notre ambition pendant la tourmente se borne à nous montrer à la fois généreux et sages. Nous avons associé tous les nôtres aux bienfaits que nous devions à notre personnel. Bientôt, groupé tout entier autour de nous, au retour des heures calmes du labeur en commun, il saura nous témoigner toute sa gratitude.

Et nous verrons alors que les résultats de cet exercice sans dividendes n'auront pas laissé d'être tout de même rémunérateurs : ils auront fondé l'avenir prospère de la Maison sur l'estime réciproque, la reconnaissante affection et la confiance qui noueront à jamais entre nous les liens d'une solidarité nouvelle, en assurant les plus heureux lendemains à la grande famille du Théâtre National de l'Opéra-Comique.

Octobre 1915.

P.-B. GHEUSI.

ODÉON

Vous me demandez quelques notes et impressions sur l'Odéon pendant la guerre,... et ce que furent mes premières années de direction de ce théâtre. Qui m'eût dit, lorsque j'acceptai de présider à ses destinées.... ?

Le 30 mai 1914, nous donnions, en matinée, la dernière représentation de la saison. Le spectacle, précédé d'une conférence de M. Nozière, se composait du *Roman chez la portière* et des *Saltimbanques*. La séance fut en tout point réussie, et les amis de l'Odéon, augurant bien de l'avenir par l'heureux présent, purent sans aucune arrière-pensée, féliciter le nouveau directeur. Celui-ci, en effet, dont la nomination remontait exactement à un mois (30 avril) avait déjà donné des preuves sérieuses d'activité en aplanissant, en ce laps très court, les innombrables difficultés d'une succession périlleuse, en constituant une troupe nouvelle et un très beau programme pour la saison 1914-1915. Hélas! quel épouvantable empêchement allait se dresser devant l'exécution de ce programme!...

Mobilisé, dès le début des hostilités, avec mon grade de capitaine, j'avais aussitôt rejoint mon corps; et l'on trouva sans doute que je m'y distinguais passablement, car un quatrième galon vint bientôt s'ajouter aux trois premiers. Mais voici que le décret ordonnant la fermeture de tous les théâtres est rapporté. Le gouvernement rappelle à Paris les directeurs mobilisés des scènes subventionnées [1]. Et le sous-intendant militaire Paul Gavault [2] va ouvrir ou plutôt entr'ouvrir — car il ne peut être question d'une exploitation normale — les portes de l'Odéon.

Il est décidé que des représentations seront données les mercredi, jeudi, samedi et dimanche. Le 3 mars, première des matinées-causeries du mercredi (chants et poèmes de guerre) avec une conférence de M. Léo Claretie.

Le lendemain jeudi 4, matinée du premier spectacle classique avec une conférence de M. Bernardin, précédant *Horace*, des *intermèdes poétiques* et le *Dépit amoureux*.

Le 6, en matinée, premier samedi des festivals de musique française, avec l'orchestre des concerts Monteux, sous la direction de M. Ferté; en soirée, première représentation de *la Closerie des genêts;* le dimanche 7, en matinée, première représentation de *la Vie de Bohême;* en soirée *la Closerie des genêts*.

---

1. MM. Albert Carré, administrateur de la Comédie-Française; Gheusi, directeur de l'Opéra-Comique; Paul Gavault, directeur de l'Odéon.

2. J'ai exercé conjointement les fonctions de directeur de l'Odéon et de sous-intendant militaire jusqu'au 4 décembre 1915, date à laquelle, sur la demande du ministre de l'Instruction publique, l'autorité militaire me plaça en congé, sans solde.

Désormais, la mise en marche était donnée. La machine odéonienne fonctionnait. Et de quelle façon! Grâce à un travail constant, plus de soixante-sept actes furent représentés en moins de trois mois, avec des pièces de l'importance de : *La Closerie des genêts ; la Vie de Bohême; Un chapeau de paille d'Italie; Henri III et sa Cour; Colinette*..., pour ne citer que le répertoire moderne. Plus une pièce inédite de M. Ch. Clerc : *La Première de la Marseillaise;* huit festivals des maîtres français et onze matinées-conférences avec le concours de MM. Maurice Donnay, Brieux, Barthou, Steeg, Henri Robert, Léo Claretie, etc.

Le public ne se montra pas ingrat. Il prit goût à ces spectacles intéressants, variés et dont le choix lui convenait, sans doute. Le double résultat, moral et pécuniaire, fut très beau, inespéré, et lorsque, le 30 mai 1915, l'Odéon effectua sa clôture annuelle, directeur et artistes, justement fiers de la splendide route parcourue, purent envisager avec les plus belles espérances, malgré les soucis et les aléas de la guerre, la saison théâtrale 1915-1916.

Cette saison fut inaugurée le samedi 26 septembre par une représentation de *la Vie de Bohême*. Le lendemain, 1re représentation, à l'Odéon, de *l'Assommoir*. Puis tour à tour, pour ne citer que quelques pièces classiques : *Esther, Horace, Tartufe, Britannicus, l'Avare, Andromaque, le Mariage de Figaro;* dans le moderne : *La famille Benoîton ; Severo Torelli; Tête de linotte* ; *A l'appel des clairons*, (un acte inédit de M. R. Groc) *le Roman d'un jeune homme pauvre*; *l'Arlésienne*, enfant prodigue, dont une recette de près de 5,000 fr. fêta, le 11 décembre, le retour à l'Odéon ; *le Secret de Polichinelle; l'Espionne* (Dora de V. Sardou) qui remporta un très gros succès ; *Charles II et Buckingham* (Le Laird de Dumbicky, d'Alexandre Dumas), également très apprécié; *Une famille au temps de Luther*, de Casimir Delavigne; enfin *Par le glaive*, de Jean Richepin.

Une petite excursion rétrospective pour terminer. Le théâtre de l'Odéon avait clôturé sa saison théâtrale le 31 mai 1870, avec : *Flava, le Barbier de Séville* et la treizième représentation du *Passant* : recette 164 fr. 75 ; — et rouvert le 11 octobre 1871 avec : *Le dépit amoureux, Jean-Marie* et *les Créanciers du bonheur* : recette 1,918 fr.

En 1914 (le 30 mai) l'Odéon, avec *le Roman chez la portière* et *les Saltimbanques* a encaissé, en dernière représentation 1,567 fr. 40. Et sa représentation de réouverture (le 4 mars 1915) s'est chiffrée par une recette de 2,398 fr. 35.

PAUL GAVAULT.

Février 1916

TRIANON-LYRIQUE [1]

Vous voulez bien me demander l'histoire de mon théâtre pendant la guerre. Hélas! elle est un peu celle de tous les autres. Tout d'abord, je pense que nos gouvernants ne se sont pas assez intéressés et, partant, n'ont pas suffisamment aidé la très grande corporation du théâtre qui comprend, avec les directeurs, les auteurs, les artistes lyriques et dramatiques, les musiciens, les choristes, la danse, le personnel de l'administration et de la scène, les décorateurs, éditeurs, costumiers, coiffeurs, machinistes, imprimeurs, etc., etc.

Toutes ces corporations, du seul fait de la guerre, se sont vues privées de leur gagne-pain.

Le préfet de police a autorisé la réouverture des théâtres, mais nulle ordonnance n'est intervenue pour régler les rapports des directeurs avec leurs propriétaires, suivant le mode d'exploitation ou d'utilisation des lieux loués.

Qu'en est-il résulté ? C'est que, si quelques locataires ont pu s'entendre à l'amiable avec leur propriétaire, beaucoup d'autres ont hésité à ouvrir, n'ont pu, par conséquent, secourir leurs artistes dès le début ; et que d'autres sont entrés en procès avec leur propriétaire. Tel est mon cas.

En vain le législateur a promis d'étudier la question des réductions qu'il y aurait lieu d'accorder aux locataires, jugement a été rendu contre moi et condamnation m'a été faite d'avoir à payer intégralement mes loyers depuis l'autorisation d'ouverture, bien qu'un de mes deux établissements, l'Élysée-Montmartre, vienne à peine de rouvrir, et que le Trianon-Lyrique ait été donné à mes artistes qui l'ont exploité en Société et à leur seul profit.

N'était-il pas juste cependant que, considérant que par suite de l'état actuel des choses : privation totale de lumière, diminution considérable des moyens de transports, raréfaction du public par suite de la mobilisation et des deuils si nombreux, diminution de l'argent, augmentation formidable de la vie chère, le tribunal décidât de ne pas faire supporter tous les frais de la guerre par les directeurs seuls, au profit de leur propriétaire ? Tel est mon cas cependant.

Inutile de vous dire que j'ai fait appel de ce jugement.

N'importe, j'ai conscience d'avoir fait tout mon devoir en donnant à mes artistes les moyens d'exercer leur métier avec des frais réduits au minimum, en les guidant toujours, et en donnant, à leur bénéfice, toute la somme de travail que l'on avait l'habitude de donner pour soi-même, et plus encore si possible. Les

(1) Pour le Théâtre-Lyrique Municipal de la Gaité, voir la note de la page 39.

artistes et le personnel du Trianon-Lyrique ont exploité ainsi le théâtre six mois durant de la saison dernière ; ils viennent de recommencer depuis deux mois ; le succès puisse-t-il répondre à nos efforts à tous !

Bien cordialement vôtre,

Novembre 1915.

FÉLIX LAGRANGE.

*
* * *

Tout d'abord laissez-moi vous remercier d'avoir bien voulu nous réserver une petite place dans votre revue en me demandant quelques renseignements sur notre campagne pendant cette époque tragique :

Le théâtre Trianon-Lyrique a ouvert un des premiers, le 20 décembre 1914, sous le régime des artistes en Société.

Les résultats de cette tentative n'ont certes pas été brillants, surtout au début, mais, grâce à la solidarité de tous devant le travail, à l'abnégation des chefs d'emploi pour jouer même des rôles de comparses, nous avons pu, en donnant à chacune de nos pièces une distribution rare, maintenir hautement le renom musical du théâtre. Et le public nous a compris et encouragés, car il nous a permis de laisser le théâtre ouvert bien plus longtemps que nous ne l'avions espéré.

Nous ne nous sommes d'ailleurs pas contentés de passer en revue les meilleurs ouvrages de notre répertoire : tels que *le Petit Duc, les Dragons de Villars, la Fille du régiment, les P'tites Michu, Véronique, Ordre de l'Empereur, la Mascotte, le Cœur et la Main, le Maître de Chapelle, le Voyage en Chine, les Noces de Jeannette, le Jour et la Nuit, Si j'étais Roi, Miss Helyett, Gillette de Narbonne, la Cigale et la Fourmi*...

Nous avons voulu remonter plus haut, en faisant revivre, pour le plus grand régal des amateurs, des œuvres injustement abandonnées depuis de trop longues années : *Le Roi l'a dit* (cette délicieuse partition), *Giralda, le Val d'Andorre, l'Oiseau bleu, le Songe d'une Nuit d'été.* — Nous ferons mieux encore, en offrant à nos habitués, une nouveauté bien actuelle :

Fils d'Alsace, œuvre émouvante de notre camarade Bouteloup, poète et romancier déjà si apprécié, dont la musique a été écrite par l'un de nos chefs d'orchestre, Leo Lempers.

Je ne veux pas terminer sans saisir l'occasion qui m'est offerte, de remercier, au nom de tous mes camarades, notre cher directeur, M. Félix Lagrange, de nous avoir permis de rouvrir son théâtre pour en tenter l'exploitation en commun.

Les recettes, heureusement, nous permettent de nous acquitter un peu envers lui en prenant une part de ses énormes frais : c'est-à-dire, en payant le loyer du théâtre pendant son exploitation, les impositions, assurances, etc., etc.

De plus, nous faisons vivre tout un petit personnel ; et, vivant nous-mêmes modestement, nous avons la joie d'avoir déjà versé aux auteurs, à l'assistance publique et à diverses œuvres de charité, une somme de 100,000 fr.

Nous pouvons ainsi, je le crois, garder la satisfaction, en dépit des difficultés de l'heure actuelle, d'avoir tous fait notre devoir.

A. JOUVIN,

Directeur de la scène.

Novembre 1915.

Le Théâtre héroïque et patriotique

En 1915

On sait quelle crise théâtrale brusque, et, au premier abord, de durée presque infinie, la Grande Guerre provoqua en août 1914, quelques semaines avant la date habituelle des rentrées. La réouverture fut singulièrement tardive et cahotée. Il y eut peu de spectacles en 1914; la Comédie-Française elle-même n'entre-bâilla ses portes qu'avec hésitation; elle donna cependant un Noël héroïque à la fin de décembre, avec *Horace*. Choix excellent. Corneille, en tant que poète, est parfois raffiné, quintessencié. En tant qu'indicateur de directions morales, il est sans pareil pour la vision claire, nette, définitive, des routes à suivre. Horace n'indique pas seulement qu'on doit être patriote avec ferveur et constance; il enseigne aussi qu'on doit l'être sans arrière-pensée, sans complication intellectuelle ou sentimentale, si l'on veut remporter la victoire.

Le mouvement une fois donné, c'est la Comédie qui le continuera fin décembre 1914 et commencement de janvier 1915 avec les représentations de *l'Ami Fritz*, pièce toute pacifique, à vrai dire, mais où l'âme alsacienne se reflète. Ce n'est, comme on l'a dit, qu'un conte mis en dialogue, ou mieux encore, une sorte de tableau vivant et parlant, parfumé de délicieuses senteurs printanières et de succulentes odeurs de cuisine, assaisonné de discours moraux, faisant, du premier acte au dernier, l'éloge du foyer et des vertus domestiques; mais qu'il est bon d'entendre ces braves gens exprimer d'honnêtes pensées dans un langage clair et digne! Et quelle interprétation supérieure la Comédie avait su réunir, à cette époque encore troublée : Mlle Marie Leconte, toute blonde, toute rose et toute frémissante, MM. de Féraudy, Grand, Dehelly, Siblot, Denis d'Inès, MM^mes^ Kolb et Jane Faber. On avait corsé le programme avec la chanson alsacienne des *Amoureux de Catherine* d'Henri Maréchal, une scène pittoresque de fiançailles, plus un centon de poésies et chants d'Alsace.

En février, la Comédie remonte *Patrie* dont le sujet a repris une poignante actualité. Il s'agit d'abominations remontant au XVIe siècle et ces horreurs semblent dater d'hier. Le martyre des Flandres sous la domination espagnole, il y a trois cent cinquante ans, c'est le martyre de la Belgique en 1915 sous la botte allemande. La Maison de Molière n'a pas eu de peine à trouver les interprètes principaux dans la troupe ordinaire ; elle n'a fait appel à de nouveaux personnages, MM. André Polack et Denis d'Inès que pour des rôles secondaires. Rysoor convient admirablement au rugissant et paterne Silvain ; Karloo rentre dans l'emploi habituel de M. Albert Lambert fils ; M. Paul Mounet était un duc d'Albe tout indiqué ; de même pour M. Raphaël Duflor qui joue La Trémoille, le traditionnel et insupportable Français en voyage, et atténue ses échappées peu discrètes. On a réservé à M. de Féraudy l'épisode attendrissante de la mort du sonneur Jonas et à Mlle Leconte les touchantes répliques (très raccourcies) de dona Rafaele, la fille du duc d'Albe. Mme Delvair interprète avec autorité le rôle saccadé, passionné, tumultueux, en somme assez ingrat, de Dolorès, grande amoureuse et femme fatale. Mme Louise Silvain lance avec véhémence les tragiques imprécations de Sarah Matisen.

En mars Corneille reparaît avec *Nicomède*. Choix heureux, car le jeune et loyal, pur et ardent Nicomède est autant et plus que Rodrigue le symbole de la grandeur d'âme, le modèle du héros cornélien qui, loin de subir sa destinée, se la fait à lui-même, étalant à nos yeux le sentiment orgueilleux de son indépendance souveraine, de sa volonté toujours consciente, toujours responsable, toujours maîtresse. La distribution reste, quant aux principaux rôles, celle de 1906, date à laquelle *Nicomède* fut repris pour la première fois depuis 1861, à l'occasion du tricentenaire de Corneille. M. Albert Lambert fils garde le rôle de l'irréductible ennemi des Romains. M. Silvain joue Prusias en comique et il a raison. Corneille le voulait ainsi ; il ne craignait pas le mélange des genres : *Nicomède* est une tragi-comédie à la manière espagnole. M. Fenoux, Mmes Weber et Madeleine Roch complètent un très bel ensemble dans lequel il serait injuste d'oublier MM. Georges Le Roy et André Polack.

La Comédie s'annexe, fin mars, un poème patriotique de Coppée, *Fais ce que dois*, dont l'Odéon eut la primeur le 21 octobre 1871. La scène se passe au Hâvre, sur la terrasse d'un hôtel meublé. Trois personnages : Marthe, veuve d'un officier, son jeune fils Henri et le maître d'école Daniel. Marthe veut emmener Henri dans les plus lointaines Amériques ; la guerre lui a pris son mari, tombé à Reischoffen ; il ne faut pas que plus tard on lui prenne son enfant. Mais Daniel survient, Daniel l'instituteur qui représente à la fois le passé attristé et l'avenir vaillant. Il accuse Marthe de faire déserter son fils. — Je suis mère ! s'écrie Marthe — La France est une mère aussi, reprend Daniel. Et il ajoute, dans un élan vraiment prophétique, que le devoir est de rester pour préparer le jour où le pays pourra livrer :

Une guerre où l'Europe entière tremblera.

Henri est convaincu. Marthe se résigne. On ne partira pas; on aidera à préparer une France nouvelle pour la grande épreuve. — Ce petit acte, d'une saine émotion, sans vaines claironnades, très supérieur en somme à la plupart des productions du même temps et du même genre, méritait d'être exhumé de la crypte odéonienne. On y entend la grande voix héroïque de Mounet-Sully secondé par Mlles Jeanne Rémy et Lifraud.

En mai, c'est le tour de *Colette Baudoche*. Aux trois premiers actes tirés, par M. Frondaie, du roman célèbre de M. Maurice Barrès, roman d'amour d'une Lorraine que veut conquérir un Prussien, qui laisse d'abord investir son âme inquiète par les faux semblants de la bonhomie allemande, puis se ressaisit en écoutant la voix sacrée des morts, l'adaptation avait d'abord cousu un quatrième tableau qu'on a coupé avec raison après la répétition générale. Ainsi débarrassée, la pièce fournira une carrière un peu cahotée mais passablement prolongée grâce surtout à la vaillante troupe de la maison de Molière : Mlle Leconte, vraisemblable et touchante Colette, Mme Pierson et Mme Kolb, excellentes; MM. Paul Mounet et Henri Mayer, d'une appréciable autorité, enfin et surtout M. de Féraudy, d'un art remarquable de composition dans le personnage contradictoire de Frédéric Asmus.

Mentionnons, hors série, la célébration du 113e anniversaire de Victor Hugo. Hommage en conformité avec les circonstances. Hugo a été le chantre de nos épopées : le romancero de Roland, les victoires de la Révolution, les campagnes de l'Empire; il a été le poète inspiré de l'Année terrible; il a consacré à nos provinces de l'Est devenues la proie d'un nouvel Attila des vers immortels qui semblent un page du bréviaire de la Revanche :

Tout cela, tout cela, c'est la France éternelle!
C'est à nous ce Haut-Rhin où la Gaule apparaît!
J'en atteste l'été, le printemps, la forêt,
Les astres toujours purs, les roses toujours neuves,
Et le ruissellement d'émeraude des fleuves,
L'honneur, le droit, l'autel où l'on prie à genoux
Cette Lorraine et cette Alsace, c'est à nous....

La représentation de *Ruy-Blas* fut digne de l'illustre commémoré. On applaudit M. Albert Lambert fils sous le feutre empanaché de Ruy-Blas, M. Paul Mounet en truculant don César de Bazan, M. Raphaël Duflos en romantique don Salluste, Mme Bartet en passionnée dona Maria de Neubourg, Mlle Leconte en sémillante Casilda; MMmes Lara et Weber figurèrent au couronnement du buste. Mais quelle étrange idée d'avoir présenté l'hommage sous cette forme inattendue : « Une soirée chez la marquise de Réville »; entendez par là que des récitations de poèmes composèrent un intermède intercalé dans le deuxième acte de *le Monde où l'on s'ennuie*. Édouard Pailleron faisant à Victor Hugo les honneurs de la Maison de Molière!

L'Odéon, légitimement préoccupé de vivre pour faire subsister sa troupe, n'a pas eu le loisir, pendant sa saison très chargée, de composer des spectacles patriotiques, en dehors de quelques reprises du grand répertoire. Cependant il a représenté une intéressante *Première de la Marseillaise*, de composition sobre, historiquement vraisemblable, sinon vraie, et aussi une *Marseillaise* à grande mise en scène incluse dans un bénéfice de gala et jouée par M. André Ferrier (l'auteur), MM. Henry Krauss, Coste et Bouthors et Mlle Charlotte Barbier. Au premier acte, chez le baron Dietrich, le vieux maréchal de Lukner expose quelle formidable partie vont jouer les soldats de la République et regrette qu'un Tyrtée ne naisse pas à la France. Rouget de Lisle sera ce Tyrtée. Au second tableau, l'image de la patrie lui dicte les strophes enflammées de l'appel aux armes, dans la solitude de sa chambre de garnisaire. Enfin c'est la reconstitution très réussie du fameux tableau de Pils.

Signalons encore la représentation sur la scène de l'Odéon, au cours d'un bénéfice, de la *Nuit du Cid*, de MM. Camille Le Senne et Guillot de Saix. Ce n'est pas le Corneille caduc, au cerveau « rongé par quarante mille vers », comme il le disait lui-même, qu'ont porté à la scène les auteurs de ce poème dramatique, mais Corneille à trente ans, Corneille amoureux, à qui sa maîtresse — une précieuse, effarouchée par ses brusques façons d'homme de génie — vient de signifier un adieu sans retour. Sa détresse est aggravée par les menées des confrères envieux ; il songe au suicide.

> Mes rivaux m'ont blessé, ma maîtresse est sans foi.
> Dans un si grand revers que me reste-t-il ?..

« Moi ! » lui répond la Muse dont l'apparition vient le rappeler à ses devoirs envers la France, envers l'humanité. Son œuvre est à peine commencée ; de grands sujets l'attendent : la patriotique légende des Horaces, la sublimité héroïque de Cornélie, la Rome impériale livrée aux tragiques hasards, les feuillets sanglants de l'histoire des martyrs et des confesseurs, le Cid Campeador et la Gloire sa compagne. Corneille écoute la divine inspiratrice :

> Tu dis vrai. Ce n'est pas faire œuvre de vaillance
> Que ciseler l'or fauve et sertir le brillant.
> Ce que doit le poète au peuple qui murmure
> C'est le travail durable et rude de l'armure ;
> C'est la trempe du fer qui ne saurait plier,
> La lance résistante et le dur bouclier,
> C'est, contre les assauts des perfides alarmes,
> L'arsenal tout-puissant des invisibles armes...

D'ailleurs la tâche héroïque aura la douceur ; le souvenir de l'infidèle se mêlera, apaisé, à l'inspiration tragique.

> Et Mélite parfois revivra dans Chimène.

Nombreux rappels pour Mlle Alice Tissot, une muse de belle envolée lyrique et pour M. Bourdel, le Corneille trentenaire.

Au Théâtre Sarah-Bernhart on a représenté un drame émouvant de M. Auguste Villeroy, *la Vierge de Lutèce*, dont le vrai titre aurait été *le Miracle de Geneviève* : quatre actes d'une bonne progression et d'un réel intérêt théâtral. Au premier acte (une place publique de Lutèce au bord de la Seine), le peuple veut écharper Geneviève qui annonce l'approche des Huns et prêche l'union sacrée devant le péril. L'évêque d'Auxerre, dont le diocèse est envahi, révèle aux furieux la mission de la sainte et subsidiairement, en administrateur pratique, la charge du ravitaillement. Au deuxième acte (même décor) Aétius veut faire évacuer la population civile. Geneviève refuse; elle répond du patriotisme de ses concitoyens :

A nos pavés, malgré la fureur du tonnerre,
Ils sont enracinés comme l'arbre à la terre....

Cependant une panique se déclare, provoquée par les réfugiés qui fuient devant les hordes incendiaires. Geneviève rassure et rallie ses ouailles : mais ne les garde-t-elle pas pour le massacre ? Son devoir est d'écarter le péril avant que la vague des barbares inonde la cité. Elle sera la Judith chrétienne ; elle ira trouver le nouvel Holopherne, mais sans armes.

Troisième acte (de pure invention, car Geneviève n'a jamais vu Attila et nous pouvons tenir pour certain que le Fléau de Dieu n'a même pas soupçonné son existence) : la tente d'Attila. L'envahisseur est anxieux ; son « génie étonné » tremble devant celui de la bergère dont on lui a rapporté la prédication miraculeuse. D'ailleurs, pour l'éloigner de Lutèce, la nouvelle Judith ajoute, à ses élans lyriques un peu vagues, certaines prédictions d'ordre stratégique, plus impressionnantes, en apprenant au Khan, qui comptait sur les divisions de la Gaule, la coalition des Goths, des Burgondes, des Franks saliens, etc. Finalement elle terrorise par la mystique incantation de ses attitudes et de ses gestes le barbare qui craint les influences occultes.

Quatrième acte (un terre-plein sur le rempart) : Attila se dirige vers les champs Catalauniques où la cavalerie pourra se déployer à l'aise. Le miracle de la Seine est accompli, Lutèce est sauvée. La sainte redevient femme; un vague instinct la ramène à son fiancé le berger Celtil, mais il vient de s'enrôler dans les légions qui vont suivre la piste d'Attila. Geneviève devra se résigner à sa grandeur solitaire. Héroïne, béatifiée, patronne de la ville, elle est en quelque sorte désincarnée et l'évêque, qui a le mot de la fin, l'invite à s'ensevelir toute vive dans la légende.

M. Maurice Bernhardt avait monté avec éclat cette œuvre originale, d'une belle langue poétique, d'une documentation sans surcharge, d'un allusionisme patriotisme sans surenchère et le rôle de la sainte comptera parmi les meilleures créations de Mme Blanche Dufrène, qui s'y dépensait sans compter, nous présentant tour à tour, avec une étonnante vérité, la douce héroïne qui calme la fièvre des gens de Lutèce et la prophétesse qui terrasse Attila non par le glaive mais par le verbe inspiré. Elle était bien secondée par M. Joubé, un Attila moins Mogol que samouaaï, au masque curieusement mobile et à la férocité doublée de ruse, MM. Bourdel, Normand, Marquet et Chameroy.

Le Gymnase eut l'inspiration assez fâcheuse de monter *la Kommandantur*, un drame de M. Fonson, dont l'action se passait à Bruxelles pendant la première période de l'occupation allemande. On y voyait les bourgeois patriotes en butte aux persécutions de la Kommandantur et particulièrement la famille d'un employé au ministère de la guerre, Antoine Jadet, placée sous la coupe d'un ancien commensal, l'espion Weiler, qui convoite Catherine, la fille de la maison. Au dénoûment Weiler venait annoncer à Catherine la mort de son fiancé, l'ingénieur Pierre, tué à Anvers. Dans un accès de folie vengeresse, la jeune fille se précipitait sur le policier Boche et l'étranglait, puis lui couvrait le visage d'une serviette et revenait pleurer sur la médaille du disparu. Cet impressionnant tableau de cinéma, qui rappelait la situation maîtresse de la *Tosca*, ne sauva pas *la Kommandantur*, où la vue des uniformes allemands et le passage de la musique militaire provoquèrent un malaise général traduit par des sifflets, malgré le dévouement de MM. Duquesne, Libeau, Becman et de Mmes Jeanne Delmar et Gina Barbieri.

Le même théâtre donna au cours d'une Matinée de la Femme française une petite pièce de M. Nozière : la *Prière dans la Nuit*, à-propos patriotique, joué par M. Camettes et Mlle Nelly Cormon. La scène se passe à quelque distance de la frontière, chez les Beauchamp, un ménage dont l'artillerie allemande a respecté la maison. Le mari n'est pas soldat, une légère claudication l'a fait réformer, mais c'est un espion qui correspond avec l'ennemi au moyen de fusées éclairantes. Sa femme le surprend et découvre en même temps — un peu tard — qu'elle a épousé un Allemand naturalisé resté au service du Deutschland. Et le conflit se déchaîne. Pendant que la femme prie pour la France, le mari veut la poignarder, mais c'est elle qui l'abat d'un coup de hache, sauvant ainsi ceux que le traitre voulait livrer aux uhlans.

A la Porte-Saint-Martin, M. Hertz reprit *les Oberlé* dans l'adaptation tirée par M. Haraucourt du roman de M. René Bazin et jouée pour la première fois à la Gaité en 1905, sous la direction Coquelin. On s'intéressa moins à la pièce, un peu vieillie par les événements nouveaux, qu'aux types caractéristiques des trois générations successives de la vieille famille alsacienne des Oberlé : l'aïeul, Philippe, survivant de l'Année Terrible, protestataire irréductible, son fils Joseph, l'opportuniste qui a mis dans l'engrenage germanique la main, puis le bras, puis le corps tout entier, son petit-fils Jean, revenu de la caserne allemande plus attaché que jamais à la France qu'il connaît peu mais qu'il devine, qu'il pressent. Cette attachante galerie de portraits, dont la ressemblance n'a pas bougé et qui restent très supérieurs à l'intrigue romanesque imaginée par les auteurs, ainsi que les figures secondaires de Lucienne Oberlé et du lieutenant von Farnow, s'objectivaient d'ailleurs avec un excellent relief dans la distribution nouvelle, ou du moins en partie renouvelée, de la Porte-Saint-Martin : Jean Coquelin, Kemm, Numès, Duval, Raoul Praxy, Mmes Grumbach, Carmen de Raisy et Andrée Pascal.

Mentionnons la présentation au public, sur la même scène de la Porte-Saint-Martin, et au cours d'une Matinée à bénéfice, de la *Veillée de Saint-Cyr* du bon poète René Fauchois. Un jeune chef se repose dans la petite chambre de l'Ecole. Il rêve et la France lui apparait, évoquant les glorieux aînés :

Écoute, écoute en toi la rumeur des aïeux!
Comme un hymne lointain, fraternel et joyeux
La voix des morts du fond des temps s'élève !
Leur cœur épars poursuit en toi son rêve;
Ils tressaillaient dans ton désir obscur....

Le Saint-Cyrien s'éveille à l'appel des voix triomphales. Il entend Roland et Duguesclin, Crillon et Kellermann, Lassalle et Murat.... M. Albert Lambert fils clamait avec une conviction fervente ces vers fébriles et Mlle Odette Lyssan prêtait à la vision sa beauté de statue.

Au nouvel Ambigu, bonne reprise de *Marceau ou les Enfants de la République*, le panorama militaire d'Anicet Bourgeois et Michel Masson, avec un tableau du *Chant du Départ* où l'on voyait Marie-Joseph Chénier, Talma.... et Robespierre qui fut pourtant un ennemi personnel de Marie-Joseph.

Au Vaudeville on joua le *Vieux Thann*, trois actes de M. Louis d'Hée, tableau de mœurs alsaciennes, genre Erckmann-Chatrian, avec une cocarde tricolore toute neuve, car l'action commence en 1914, au moment de la rentrée des troupes françaises dans la vieille cité alsacienne et se prolonge jusqu'au soir du 14 juillet 1915. Un drame sentimental et aussi un conflit de devoirs s'y mêlent aux manifestations patriotiques. Pierre Schmidt, un habitant de Thann, que la maladie a seule empêché d'aller rejoindre nos soldats, aime Suzel Mathis, la nièce du curé de Thann, et pendant longtemps il a pu s'en croire aimé. Mais, quand les Alpins viennent occuper la ville, le cœur de la jeune fille s'émeut pour le beau lieutenant Lagarde, un héros qui s'éprend aussi de la petite patriote. Et nous leur trouvons toutes sortes d'excuses, et nous ne portons aucun intérêt à Pierre Schmidt qui pousse la jalousie jusqu'à combiner un accident où le lieutenant se casse la jambe. Suzel et Lagarde veulent pourtant se sacrifier afin que Pierre rentre dans le droit chemin et redevienne un fidèle enfant de la France. La patrie doit passer avant leur amour. Tout s'arrange grâce à un dénoûment ingénieux quoique prévu et que permettait d'attendre sans impatience l'intéressante interprétation de MM. Bourdel et Jacques Faure et de Mme Marcelle Raynes. Au même théâtre, très courte durée pour les *Visions de Gloire*, suite des tableaux interprétés, si j'ose dire, par Mlle Moreno, à la voix d'or, M. Jean Daragon, Mlle Madeleine Lély, en

Jeanne-d'Arc et Mlle Marcelle Praince. Le public se montra très déçu de ne pas entendre Mlle Guyta-Réal, l'admirable créatrice de *Cœur de Française,* affichée, portée au programme, mais dont la censure avait coupé la scène au dernier moment.

Voilà dans leur ensemble, avec quelques omissions dont je m'excuse (les œuvres lyriques notamment), les spectacles patriotiques de 1915. J'ai volontairement passé sous silence la série des revues. J'aime à croire leur patriotisme sincère ; mais il a paru souvent inquiétant et déplacé.

CAMILLE LE SENNE.

La Musique pendant la Guerre

I. — Première période (Septembre 1914-Août 1915)

Puisque nous faisons ici office documentaire, la musique a droit à une place à part. Le peu de vie artistique et théâtrale qui a subsisté pendant les longs mois d'expectative et d'angoisse, c'est elle surtout qui l'a évoqué. Nous l'avons vue d'abord dans la rue ou parmi les ambulances, puis étendant et variant son répertoire au profit de séances charitables, d'œuvres militaires, enfin, tout à la fois, remontant sur la scène et rentrant dans nos grandes salles de concerts.

Les *Matinées Nationales,* données par les soins de l'Œuvre fraternelle des artistes, débutèrent dans le grand amphithéâtre de la Sorbonne. Mais, presque aussitôt, les deux associations fondées par Colonne et par Lamoureux unirent leurs ressources diminuées en une séance dominicale unique, dans la salle Gaveau. Puis vinrent les grandes séances de l'*Association des Grands concerts* (Victor Charpentier), dans la salle du Trocadéro; les *Matinées françaises*, au Palais de Glace; les *Concerts populaires* (Wurmser), dans la salle des Agriculteurs; les *Matinées rétrospectives*, de Mme Yvette Guilbert, dans la salle Gaveau ; les *Concerts spirituels* de l'église de la Sorbonne; l'*Œuvre artistique* de l'Hôtel des sociétés savantes; les *Matinées* du Théâtre Antoine et du Théâtre Michel ; les concerts classiques *Rouge*, rue de Tournon...., bien d'autres encore.

…eux du moins des concerts à orchestre, et qui devaient …aient pas commodes à établir. Ils firent le désespoir des …ent immédiatement de quelles contradictions ils allaient …me de coutume, aux Écoles allemandes, avec la sensibi…ectable qu'irraisonnée, que la guerre exaspérait chez les …le d'y songer. Mais exécuter une série de concerts sans un seul des chefs-d'œuvre des maîtres de l'art allemand, c'était l'insuccès certain. Au moins aurait-il fallu profiter de l'occasion pour élargir, en sauvant d'un injuste oubli mainte page remarquable de notre vieille école française, le répertoire national un peu trop connu déjà ; ou chercher dans celui des écoles russes, italiennes, ou anglaises, les œuvres dignes de piquer notre curiosité et que nous ignorons encore. Cet effort parut sans doute trop difficile à obtenir.

Voici quelles œuvres principales furent exécutées, salle Gaveau, sous les directions alternées de MM. Camille Chevillard et Gabriel Pierné.

École française : LULLI : Psyché (fragments lyriques) ; RAMEAU : Les Indes galantes (id.).

BERLIOZ : Symphonie fantastique, ouverture de *Benvenuto* et du Carnaval romain, *Huit scènes de Faust* (1re fois), Roméo et Juliette, *les Troyens*, *Béatrice et Bénédict* (fragments lyriques), la Marseillaise.

BIZET : Patrie, l'Arlésienne, Jeux d'enfants ; SAINT-SAENS : Symphonies 2 et 3, Pallas-Athéné, Mélodies ; FAURÉ : Pelléas et Mélisande, Mélodies (le Jardin clos, 1re audition) ; MASSENET : Scènes alsaciennes, première suite d'orchestre, ouverture pour Phèdre ; LALO : Symphonie en sol mineur, Scherzo, Rapsodie norvégienne, Concerto de violon ; MAGNARD : 3e symphonie, Chant funèbre, Quatre poèmes en musique ; DUPONT : Heures dolentes ; D'INDY : Sauge fleurie, Symphonie sur un thème montagnard, Wallenstein ; CHARPENTIER : Impressions d'Italie ; DEBUSSY : Ibéria, Prélude à l'après-midi d'un faune, La mer, Chansons de Bilitis ; MARTY : Ouverture de Baltazar ; ERLANGER : Trois poèmes russes ; BRUNEAU : Messidor, Penthésilée ; DUKAS : l'Apprenti sorcier, la Péri, Symphonie en ut ; BUSSER : Hymne à la France (de Victor Hugo, 1re audition) ; CHABRIER : *Gwendoline* ; WORMSER : Deux mélodies (1re audition) ; HUE : *Titania* ; VIDAL : la Vision de Jeanne d'Arc ; CHEVILLARD : Ballade symphonique ; LABEY : Bérengère, prélude (1re audition) ; Florent SCHMITT : Feuillets de voyage, suite d'orchestre ; GAUBERT : le Cortège d'Amphitrite ; Ph. MOREAU : Deux poèmes pour chant et orchestre ; HILLEMACHER : Deux pièces pour piano et violoncelle ;

César FRANCK : Symphonie, Psyché, Rédemption, Variations symphoniques, Prélude-choral-fugue ; 4e béatitude, les Djinns, *Hulda* (fragments lyriques), Paris (1870 ; 1re audition) ; CHAUSSON : Symphonie en si bémol.

École italienne : MONTEVERDE : *Ariane*, scène lyrique.

École russe : TSCHAÏKOWSKY : Symphonie pathétique ; BORODINE : Symphonie inachevée, Dans les steppes de l'Asie centrale, Symphonie en si mineur ; BALAKIREW : Russia ; RIMSKY-KORSAKOW : Antar, *Snegourotchka* (suite), Shéhérazade, Capriccio espagnol, *Sadko*, Grande Pâque russe ; GLAZOUNOW : 1re ouverture, 2e symphonie ; STRAVINSKY : l'Oiseau bleu, Feu d'artifice ; CUI : *le Flibustier* (fragments).

École anglaise : PURCELL : Ouverture pour Sainte-Cécile, Air de *Didon*, phes et bergers; ELGAR : Falstaff (1re audition); et HAENDEL (considéré comme Anglais) : Concerto pour orchestre, en ré mineur.

École scandinave : GRIEG : Peer Gynt.

Aux Matinées nationales de la Sorbonne, nous relevons :

École française : MÉHUL : Ouverture de *Joseph;* BERLIOZ : Ouverture de *Benvenuto*, Symphonie fantastique, Roméo et Juliette; AUBER : Ouverture de *la Muette*; BIZET : l'Arlésienne; SAINT-SAENS : Préludes du Déluge et de la Princesse Jaune, Suite algérienne, 2e symphonie, Septuor, Rondo Capriccioso, la Jeunesse d'Hercule; DELIBES : *Silvia*; MAGNARD : le Rhin allemand; DUBOIS : Symphonie française; LALO : Rapsodie norvégienne, Namouna, Scherzo, Ouverture du *Roi d'Ys;* FAURÉ : Élégie pour violoncelle, Shylock, Dolly, Mélodies; D'INDY : Suite en ré, Symphonie sur un thème montagnard, Wallenstein, Istar; PIERNÉ : la Nuit de Noël; GEORGES : Chansons de Miarka; VIDAL : la Vision de Jeanne d'Arc : DUKAS : l'Apprenti sorcier; BRUNEAU : Messidor; DEBUSSY : Prélude à l'après-midi d'un faune; FÉVRIER : Hymne aux morts pour la patrie (1re audition); RABAUD : la Procession nocturne; BOELLMANN : Variations symphoniques; HAHN : le Bal de Béatrice d'Este; MARTY : Ouverture de Balthazar; LEROUX : Ouverture d'Harold; ERLANGER : Chasse fantastique de Saint-Julien l'Hospitalier, Poèmes russes; SILVER : le Soldat.

César FRANCK : 4e béatitude, Rédemption.

École italienne : ROSSINI : Ouverture du *Barbier de Séville.*

École russe : RIMSKY-KORSAKOFF : Shéhérazade, Capriccio espagnol, Antar, la Grande Pâque russe; BORODINE : le Prince Igor; STRAVINSKY : Pétrouchka; GLAZOUNOW : 2e symphonie.

École scandinave : GRIEG : Peer Gynt.

Citons encore les programmes de l'Association des grands concerts, d'autant plus méritoires que la salle du Trocadéro exige un déploiement exceptionnel de forces musicales, sous la direction de M[r]. Victor Charpentier. On a entendu ainsi :

BERLIOZ : Symphonie fantastique, Requiem, la Damnation de Faust (fragments); FRANCK : les Béatitudes; BIZET : l'Arlésienne; DAVID : le Désert; SAINT-SAENS : Oratorio de Noël, Psaume 18, Symphonie avec orgue, 2e et 4e concertos; MASSENET : *Marie-Magdeleine* (Mlle Marié de l'Isle, M. Plamondon); WIDOR : Symphonia sacra; PIERNÉ : la Nuit de Noël; CHARPENTIER : la Vie du poète; FÉVRIER : Aux morts pour la patrie! (de Charles Péguy, 1re audition).

La Société des concerts spirituels, de l'église de la Sorbonne, a fait entendre :

FRANCK : Rédemption; GOUNOD : Gallia; ROSSINI : Stabat mater; GEORGES : Chemin de croix.

Le Juif Polonais, qui est peut être la maîtresse partition de M. C. Erlanger, n'avait pas été repris depuis l'interprétation que M. Victor Maurel en avait donnée en 1900-1902. Quelques modifications heureuses ont été apportées par les auteurs, MM. Gheusi et H. Cain, dans la mise en scène de la vision de Mathis au dernier acte, et M. Jean Périer en a tiré un parti saisissant au possible : ce grand artiste à fait comme une création nouvelle de son complexe personnage.

A signaler encore un intermède patriotique, une sorte de légende chantée, poésie de M. Saint-Georges de Bouhélier, musique de M. Alfred Bruneau : *le Tambour*, interprétée par Mlle Chenal.

Enfin *la Charmante Rosalie*, un petit acte de M. Pierre Veber, mis en musique par M. Hirschmann, évocation plaisante des mariages par procuration sous le premier Empire, où le capitaine de hussards (M. Jean Périer encore), venu pour la nièce, épouse en somme la tante.

Trianon-Lyrique a, lui aussi, travaillé comme jamais, et même plus que jamais, en dépit des difficultés particulières du temps que nous vivons. Son répertoire s'est enrichi des reprises de : *l'Oiseau bleu* (Mme Neuillet-Caussade, M. Jouvin), *Galathée* (MM. Saimprey et Jouvin, Mlle Morlet), *le Val d'Andorre* (M. Saimprey, Mmes Neuillet-Caussade et Morlet), *Giroflé-Girofla*, *la Cigale et la fourmi* (Mme Neuillet-Caussade, M. Jouvin), *le Songe d'une nuit d'été* (M. Bouteloup, Mlle Morlet), *les Saltimbanques* (Mme Neuillet-Caussade, M. Jouvin), *la Poupée* (Mme Neuillet-Caussade), *le Barbier de Séville* (Mme Remo-Nelsen, MM. Bouteloup, Théry, Berger), *Joséphine vendue par ses sœurs* (Mlle Wanda Léone, M. Bouteloup), *Rip* (MM. Saimprey ou Bouteloup, Mme Neuillet-Caussade), *les Mousquetaires au couvent* (MM. Saimprey, Jouvin), *le Pré aux clercs* (Mlle Morlet, dans le rôle de Mergy).

Et l'on remarquera l'attrait particulièrement nouveau de plusieurs de ces reprises, car *Giralda*, par exemple, la si divertissante comédie d'Adam, que j'ai notée plus haut, n'avait pas été jouée à Paris depuis 1884, *le Songe d'une nuit d'été* nous reporte aux représentations de Victor Maurel et d'Adèle Isaac, en 1886, *l'Oiseau bleu* n'avait jamais été repris depuis sa création aux Nouveautés en 1884, enfin *le Val d'Andorre*, une des partitions d'Halévy qui ont eu, jadis, le plus solide succès, était complètement abandonné à Paris depuis 1875, voici quarante ans !

Trianon a fait plus encore : il nous a donné du nouveau, une œuvre dramatique et lyrique inédite, inspirée de la guerre. Cet « épisode lyrique », hautement pensé, poétiquement écrit, réalisé avec sincérité et goût, *Fils d'Alsace*, a pour scène Altkirch, pendant la nuit de Noël 1913, d'abord, puis pendant celle de 1914, c'est-à-dire avant et après la reprise de cette terre française, et met en relief la situation poignante d'un Alsacien qui a eu le tort d'épouser une Allemande, mais qui est amené à sacrifier à sa vraie patrie ce foyer suspect. Une idylle touchante et une évocation pittoresque du terroir d'Alsace relèvent la gravité de la donnée, où sourires et larmes se mêlent avec tact. C'est là une des œuvres de théâtre les plus utiles qui aient paru au cours de cette période, car elle hausse les cœurs en captivant les esprits. Elle fait grand honneur à M. Bouteloup, dramaturge expert et, à l'occasion, poète délicat; elle met en relief l'adresse ingénieuse de M. Lempers, un jeune musicien belge, aux mélodies faciles, mais aussi à l'orchestre expressif et vraiment original. (Interprètes : MM. Sainprey, Jouvin, Théry, Bouteloup, Mmes Morlet, Neuillet-Caussade....)

Les autres petites scènes lyriques n'ont pas déployé moins d'activité et d'émulation depuis l'automne.

Au Théâtre Moncey, ç'a été, pour débuter, une œuvre nouvelle, *la Caporale Mimi-Pinson*, prétexte à déploiement d'ensembles patriotiques et de scènes militaires, qui a fait justement apprécier la verve musicale de M. Dupré; puis les reprises de *Miss Hélyett, la Juive, le Petit duc, la Fille de Mme Angot, la Mascotte, Giroflé-Girofla, les Saltimbanques, le Jour et la nuit, le Cœur et la main, Si j'étais roi !*

Au Théâtre des Arts, rouvert à son tour, on a vu repasser *la Traviata, les Cloches de Corneville, le Trouvère, Gillette de Narbonne, la Mascotte,* un mélange attrayant d'opéra, d'opéra-comique et d'opérette, gage d'un travail également intensif.

Apollo, enfin, un peu plus tard, a repris vie, mais suivant la coutume des pièces nouvelles jouées jusqu'à épuisement du succès. *La Cocarde de Mimi-Pinson*, une gentille anecdote sentimentale à épisodes guerriers (vus de loin), occasion de nombreuses et aimables valses, dues à la verve facile de M. Goublier fils, aura ainsi passé victorieusement tout l'hiver.

HENRI DE CURZON.

LE THÉATRE AU FRONT

Aujourd'hui et jadis

M. Émile Fabre, administrateur de la Comédie-Française, avait formé le projet d'aller offrir aux combattants, pendant leurs heures de repos, aux cantonnements, la distraction de représentations théâtrales organisées pour eux. Ce n'est pas sans peine qu'il a réalisé son projet, mais, le 9 février 1916, la Comédie-Française, en tournée patriotique, inaugurait ces représentations dans un secteur de l'Oise.

Le théâtre avait été dressé, par les soins du peintre Scott, dans la grange d'un village. La salle présentait un coup d'œil pittoresque : il n'y avait de bancs que pour un certain nombre de spectateurs, appartenant à des régiments de coloniaux; les autres s'étaient juchés sur des bottes de foin, qui formaient le balcon. Comme foyer des artistes, les comédiens avaient la ferme d'où dépendait cette grange.

On imagine le chaleureux accueil fait par les Poilus à la troupe de Molière, venue pour leur donner le régal d'un spectacle. Un programme, avec un dessin de Scott, avait été distribué à ce public militaire.

Au verso de la couverture, cette mention :

LE THÉATRE AUX ARMÉES
Fondé par M. Emile FABRE
AVEC L'AGRÉMENT
DE
M. LE MINISTRE DE LA GUERRE
ET DE
M. LE GÉNÉRAL COMMANDANT EN CHEF
DES ARMÉES

Des Concerts-Rouge (rouverts le 17 janvier), vaillante et infatigable petite société d'instrumentistes, qui, dans une salle minuscule, alimente d'excellente musique un répertoire constamment varié, on ne peut dire qu'une chose, c'est que, seuls, ils ont eu le courage de soutenir que les chefs-d'œuvre de Beethoven, Haydn, Mozart, sont le patrimoine de l'humanité tout entière, et ne portent aucune estampille. Ils en ont joué, et ont été applaudis comme ils le devaient être.

Passons aux théâtres. — Celui de l'Odéon nous servira de trait-d'union. Reprenant en quelque sorte une tradition plusieurs fois renouée, le Directeur en a ouvert les portes à d'intéressantes et instructives sélections, comportant concert et scènes lyriques. C'est ainsi que, sous la direction de M. Monteux, ont été exécutés un festival BIZET, un festival GOUNOD, un festival MASSENET; puis des séances consacrées à nos compositeurs actuels : D'INDY, DEBUSSY, CHARPENTIER, DELIBES, BRUNEAU, SAINT-SAENS, LEROUX, RAVEL... ; enfin, des oratorios complets : *la Damnation de Faust*, de BERLIOZ (Mlle Montjovet, MM. Snell et Albers); *le Déluge*, de SAINT-SAENS ; *Marie-Magdeleine*, de MASSENET (Mlle Marié de l'Isle, M. Snell).

Retenons la date de cette dernière exécution, le 3 avril 1915 : c'était une « reprise », en propres termes. Car c'est sur cette même scène de l'Odéon, voici quarante-deux ans, alors qu'elle abritait l'Association naissante des concerts Colonne, que la *Marie-Magdeleine* de Massenet a été créée, le 11 avril 1873, par Mme Pauline Viardot.

Les artistes de l'Opéra, ne pouvant décidément reparaître cette année encore sur leur scène, en représentations normales, leur directeur leur a ménagé quatre séances dans la grande salle du Trocadéro, qui aujourd'hui, on le sait, se prête assez correctement à des représentations de fortune. Une première a été consacrée à une sélection d'airs du répertoire, avec orchestre ; la seconde a comporté le second acte de *Faust*, les *Contes de ma mère l'Oye*, de Ravel, petit ballet-pantomime, et *l'Offrande à la liberté*, de Gossec (1792), reconstituée avec une grande ampleur ; la troisième, avec cette même œuvre, a donné *Rigoletto* (Mlle Gall, MM. Laffite et Noté), et le ballet de *Coppélia* (Mlle Zambelli) ; la quatrième, enfin, a été consacrée à *Faust*, de Gounod (Mlle Bugg, MM. Laffite et Gresse).

Notons, en passant, la place délicate, et particulièrement soignée, que la musique a prise dans quelques-uns des intermèdes de la Comédie-Française : *Les fiançailles de l'Ami Fritz* (c'est encore M. Maréchal, comme dans la pièce, qui a été mis à contribution) ; *Valmy* (où M. Berr et Mlle Leconte disaient à ravir le duo de « Colinette ») ; *la Soirée du Monde où l'on s'ennuie* (où M. Berr encore et Mlle Dussane chantaient des pages d'Henrion et de Lecocq) ; *l'Hôtel de Rambouillet* (avec sa pastorale en musique) ; *le Divertissement du Mariage de Figaro* (où Mlle Cerny et Mme Lara dansaient avec tant de goût une pavane reconstituée par Mme Mariquita), etc.

Et arrivons enfin aux scènes lyriques proprement dites, qui ont déployé un zèle sans pareil.

L'Opéra-Comique, qui, pour la première fois, n'a pas cessé, de tout l'été, ses représentations, — à raison de quatre ou cinq par semaine, — a prouvé d'une façon péremptoire la solidité de notre École française de demi-caractère, car c'est en puisant presque uniquement dans son répertoire le plus courant qu'il a remporté un succès constant. Voici le tableau de ce répertoire, dans l'ordre où les œuvres ont été successivement, avec l'indication de leurs principaux interprètes (constamment variés, afin de satisfaire à la fois plus d'artistes et le public) :

La Fille du régiment (Mlle Tiphaine, MM. de Creus, Azéma).

La Vivandière (Mlle Delna, MM. J. Périer, Allard).

Carmen (Mlles Chenal, ou Bailac, ou Davelli, ou Brohly..., MM. Fontaine, ou Clément, ou Mario, ou Darmel...).

Manon (Mlles Vorska, ou Brunlet, ou Cesbron, ou Vallin-Pardo..., MM. Fontaine, ou Paillard et J. Périer).

Thérèse (Mlle Arbell, MM. Boulogne, Fontaine).

Les Amoureux de Catherine (Mlles Vorska ou Tissier, M. Féraud-Saint-Pol).

Lakmé (Mmes Nicot-Vauchelet, ou Tissier, ou César, ou Marchal, MM. Francell, ou David, ou Clément, ou de Creus, ou Fontaine).

Mignon (Mme Vallin-Pardo, MM. J. Périer, de Creus).

Paillasse (Mlles Brunlet ou Mathieu, MM. Fontaine, Boulogne ou Albers).

Le Jongleur de Notre Dame (Mlles Chenal ou M. Fontaine, MM. Dufranne ou Allard).

Louise (Mmes Vallin-Pardo, ou Brunlet, ou Vorska, ou Edvina, ou Cesbron, MM. Fontaine et Albers).

Cavalleria Rusticana (Mlle Mathieu, MM. Paillard ou Mario ou Morati).

Mârouf (M. Jean Périer, Mlle Davelli).

Le Chemineau (MM. Dufranne et Périer, Mme Delna).

Fortunio (Mmes Vorska ou Marchal, et Vally, MM. Périer et Allard).

Les Noces de Jeannette (Mlle Tissier, M. Vaurs).

Durant toute la période qui nous occupe, ou peu s'en faut, ces spectacles étaient terminés par quelque tableau patriotique, ingénieusement mis en scène : *La Marseillaise*, toujours (que chanta longtemps Mlle Chenal, seule, puis fut interprétée par M. Albers, Mlles Brohly ou Brunlet...), et soit *le Chant du départ*, de

Méhul, soit *le Ballet des nations*, de M. P. Vidal, *les Scènes alsaciennes*, de Massenet..., et des arrangements, tels que *Soldats de France, Sur le front*, etc.

La Gaîté, pendant le temps où elle resta fidèle à son titre de Théâtre Lyrique, c'est-à-dire jusqu'à l'été dernier [1], s'est vouée à passer en revue le répertoire de nos opérettes françaises les plus aimées. On a entendu ainsi, successivement :

La Fauvette du temple (MM. Defreyn et Vilbert) ; *les Cloches de Corneville* (M. L. Noël et Mlle Gril, ainsi que dans la plupart des œuvres suivantes) ; *les Saltimbanques ; Miss Hélyett* (Mlle Fairy) ; *les Mousquetaires au couvent* ; *la Mascotte ; le Grand Mogol ; le petit Duc* (Mlle Gina Féraud) ; *la Poupée ; Rip ; Joséphine vendue par ses sœurs ; la Fille de Mme Angot* (Mlles A. Bonheur et Cebron-Norbens, M. Fabert) [2].

Le Trianon-Lyrique nous arrêtera davantage. Dans ce petit théâtre, où le travail est intense, la troupe homogène, l'affiche constamment renouvelée, les artistes se sont mis en société, afin de s'en tirer comme ils pourraient. Et comme ils sont courageux et peu exigents, après avoir obtenu de leur directeur la réouverture de leur salle en vue des fêtes du jour de l'an, ils ont réussi à y amener le public jusqu'à la fin de mai, et parfois avec des reprises qui étaient comme de vraies premières, tant le souvenir de l'œuvre était lointain. Ici, l'opérette alterne avec le grand opéra comique. On a exécuté ainsi, pendant cette période :

Le petit Duc (Mme de Poumayrac, Mlle Ferny) ; *les Dragons de Villars* (Mlle Morlet, M. Saimprey) ; *la Fille du régiment* (Mlle Morlet, M. Théry) ; *les p'tites Michu* (Mlle Perroni) ; *Véronique* (Mme de Poumayrac, M. Saimprey) ; *Ordre de l'Empereur* (M. Théry) ; *le Roi l'a dit* (Mlle Morlet, M. Tarquini-d'Or) ; *le Maître de chapelle* (Mme de Poumayrac, M. Clergue) ; *la Mascotte* (Mlle Samson) ; *le Cœur et la Main* (Mme de Poumayrac) ; *le Voyage en Chine, les Noces de Jeannette* (C. Bouteloup) ; *Si j'étais roi* (Mlle Morlet, M. Saimprey) ; *le Jour et la Nuit ; Gillette de Narbonne ;*

---

1. Il n'est que juste de faire remarquer que le directeur du théâtre lyrique de la Gaîté, M. Charbonnel, est mobilisé. Son absence, ainsi que la difficulté de recruter un orchestre, des chœurs, des sujets hommes, pour des représentations lyriques vraiment dignes de cette scène, sont les causes, — nous écrit l'administrateur, M. de Lagoanère, — qui ont amené ce retour momentané à la comédie, le 19 juin 1915. Aussitôt après la paix, ajoute-t-il, « nous rouvrirons le Lyrique; notre directeur, revenu des armées, reprendra sa place avec tout l'intérêt que comporte une direction dont l'exploitation lyrique est devenu un véritable besoin. Les compositeurs français ont trouvé et trouveront plus que jamais, dans ce théâtre municipal, une hospitalité qu'il ont le droit d'attendre de ceux qui ont le privilège de cette scène et l'honneur de la diriger. »

2. On a également exécuté, à l'orchestre, maintes fois, une nouvelle marche, dédiée au général Joffre : *Le réveil de la France*, œuvre de M. de Lagoanère.

Giralda (MM. Saimprey, Jouvin, Mlle Morlet ; *le Grand Mogol, Miss Hélyett, l'Oncle Célestin*.

Une autre petite scène de quartier, le théâtre Moncey, s'est également adonné au répertoire de musique durant cette période, et y a trouvé profit. Il n'est que juste de noter son activité, avec les reprises de *la Traviata, Joséphine vendue par ses sœurs, le Grand Mogol, les Dragons de Villars, la Petite mariée*.

Enfin l'Eldorado, a eu, un petit instant, sa saison lyrique, avec *les Mousquetaires au couvent, le Voyage en Chine*, et même.... *la Juive!*

II. — Seconde période (Septembre 1915-Février 1916)

La période actuelle n'a nul besoin d'une statistique aussi minutieuse que la précédente. Au point de vue de la musique, elle a repris un aspect à peu près normal. Certaines craintes s'étant effacées, certaines susceptibilités calmées, on a vu reparaître à l'Opéra-Comique *Werther*, malgré son sujet, et *la Vie de Bohême*, malgré l'attitude de son compositeur; on a réentendu, aux concerts Colonne-Lamoureux et même aux Matinées nationales, du Mozart et du Beethoven.... Et immédiatement les recettes ont monté, le public a afflué de nouveau : désormais, ces séances sont sûres de l'avenir. Et, comme tout s'enchaîne, les artistes qui les préparent ont montré en même temps une activité plus grande. Ils ont commencé de répondre aux desiderata exprimés par certaines critiques au cours de la saison passée. « Si vous craignez de rendre aux maîtres éternels, mais Allemands, de l'art, leur place prépondérante, leur disait-on, du moins faites-nous connaître les plus belles pages des anciens maîtres français, trop légèrement abandonnées, et donnez plus d'accès aux œuvres nouvelles. »

Ainsi ont-ils fait. Nous avons pu goûter, au moins par fragments, des symphonies de Gossec, de Méhul, de Hérold.

Nous avons aussi apprécié, comme nouveautés : Une *Berceuse héroïque* de M. Debussy, une *Fantaisie* pour violon et orchestre. de M. Mulet; un *Chant pour les morts*, de M. Bertelin, un autre *Pour les funérailles d'un soldat*, de Mlle Lili Boulanger, une page de M. Fumet, *l'Ame de la terre*, un *Poème pour piano et orchestre* de M. Darius Milhaud, *les Cloches*, premier « volet » du triptyque de M. Amédée Reuchsel, la 4e *Symphonie* du regretté Albéric de Magnard.

Et sans doute il est superflu de noter la variété, plus attirante, du répertoire courant, soit ici, soit sur les programmes des Matinées nationales, (toujours exécutés par l'orchestre de la Société des concerts, mais sous la direction de M. Henri Rabaud), soit aux concerts spirituels de la Sorbonne, soit aux concerts Rouge, soit dans les séances de l'Association des Grands Concerts, au Trocadéro d'abord, puis dans l'excellente salle, ouverte pour elle, du théâtre des Champs-Élysées.... (*la Damnation de Faust, l'Enfance du Christ, l'Enfant prodigue. Marie-Magdeleine,*

Rebecca, *l'Oratorio de Noël*, *le Désert*, *la Terre promise* de M. C. Saint-Saëns, la symphonie fantastique et *Lelio* ou *le Retour à la vie*, de Berlioz, etc.)

Mais c'est au théâtre, surtout, qu'un souci du renouveau s'est fait mieux sentir.

L'Opéra, d'abord, a rouvert ses portes, d'une façon spéciale, il est vrai, mais qui a été appréciée. Dans des matinées du dimanche et du jeudi, il s'est appliqué à passer en revue les maîtresses œuvres du répertoire, prenant un acte entier de l'une, une scène de l'autre, puis un nouvel acte ou une nouvelle scène, un ballet, ou bien une ouverture ou un entr'acte symphonique, en costumes, bien entendu, et dans les décors; et relevant le tout d'une évocation, nouvelle cette fois, de notre plus vieille musique d'opéra ou de cour : une reconstitution de concert au XVIIe siècle.

On a pu discuter l'intérêt de ces fragments d'opéra présentés ainsi isolément, et qui souvent pâtissent de ne plus tenir leur place dans un ensemble, leur perspective dans une évolution d'action : la principale curiosité qu'ils peuvent exciter est à coup sûr celle de l'interprétation, soit qu'elle ravive des impressions passées, soit qu'elle en crée de nouvelles. — On se rend compte, au surplus, des difficultés qu'a trouvées le directeur à remplir ses cadres. Comme il ne peut jouer toute une œuvre, faute de machinistes, il ne peut aisément faire tout chanter faute de voix. Aussi bien, l'orchestre, de son côté, offre-t-il un aspect inaccoutumé. Les femmes, pour la première fois, y ont accès. On y aperçoit une flûtiste et une hautboïste, fait sans précédent; non seulement ici, d'ailleurs, mais au Conservatoire, dont elles viennent de sortir. L'ensemble, néanmoins, de tous ces éléments, est hautement satisfaisant, et les qualités individuelles des chefs d'orcheste, M Camille Chevillard, le premier, MM. Bachelet, Büsser, Grovlez..., ne contribuent pas peu à le faire valoir.

Mais il n'y a qu'une voix pour louer la façon dont M. Rouché a su nous faire pénétrer dans les salons du XVIIe siècle où l'on faisait de la musique. Encadrés d'une petite action mimée, suffisamment piquante, ces concerts de chant et de danse offrent un prétexte commode à l'exécution de quelques-unes des plus belles pages musicales du temps. *Mademoiselle de Nantes*, concert organisé devant les petits enfants de Mme de Montespan, a fait entendre des airs ou des ensembles, ou voir des danses et des « entrées », de Lulli surtout. *Les Virtuoses de Mazarin* ont fait paraître devant le petit Louis XIV et sa mère un groupe d'artistes Italiens qui ont chanté ou dansé des fragments de *l'Orfeo*, de Rossi, du *Couronnement de Coppée*, de Monteverdi, etc. — Et costumes, décors, orchestre approprié, ont fait goûter, le plus harmonieusement du monde, la saveur singulière de cette somptueuse époque.

En plus de ces petits concerts (où parurent MM. Plamondon, Gresse...., Mmes Croiza, Gills, Hatto, Bréval, Bugg...), les artistes de l'Opéra ont exécuté des actes ou des fragments d'actes de *Patrie* (MM. Delmas, Laffite, Gresse, Mmes Bréval, Campredon), *Hamlet* (Mme Campredon), *Eugène Onéguine* (pour la première fois ici : Mlle Gall), *Guillaume Tell* (MM. Sullivan, Noté, Gresse, Mme Campredon), *Aïda* (MM. Laffite, Noté, Mlles Demougeot ou Borgo), *le Cid* (MM. Delmas, Laffite, Mmes Bréval ou Le Senne, Zambelli), *Rigoletto* (M. Noté, Mlle Gall), *Henry VIII* (MM Lestelly, Laffite et Mlle Demougeot), *Sigurd* (M. Sullivan, Mlle Bourdon), *Samson et Dalila* (Mlle Lapeyrette, MM. Laffite, Cazenave, Delmas, Gresse), *la Favorite* (M. Sullivan, Gresse, Mme Delna), *Faust* (MM. Laffite, Gresse, Mmes Gall ou Bugg), *le Miracle* (MM. Laffite, Mlle Hatto), *le Chant de la Cloche* (pour la première fois ici : M. Laffite, Mme Lubin), *les Barbares* (M. Laffite, Mlle Hatto), *Theodora* (de M. Xavier Leroux, pour la première fois ici : M. Darmel, Mlle Lapeyrette), *l'Ouragan* (de M. Bruneau, pour la première fois ici : MM. Laffite, Lestelly, Delmas, Mmes Delna, Bugg), *Othello* (M. Saléza, Mlle Gall), *Roméo et Juliette* (MM. Laffite, Delmas, Gresse, Mme Gills), *Œdipe à Colonne* (qu'on n'avait pas entendu depuis 1844 : MM. Delmas, Plamondon), *le Trouvère* (MM. Sullivan, Noté, Mlle Demougeot); enfin le ballet *Coppélia* (Mlles Zambelli ou Urban, M. Wague).

L'Opéra-Comique, au répertoire indiqué précédemment, et maintenu en majeure partie, a ajouté successivement :

Werther (Mlles Brohly, ou Raveau, ou Arbel ; M. Fontaine ou Darmel).

Le Barbier de Séville (Mlle César, MM. Clément, Maguenat, Allard).

La Tosca (Mlles Chenal, ou Cesbron, ou Garden, ou Mathieu ; MM. Jean Périer, Mario).

Les Rendez-vous bourgeois (Mlle Tiphaine ; MM. Bourgeois, Féraud-Saint-Pol, Mesmaecker).

La Vie de Bohème (Mlle Favart ; MM. Clément ou Paillard, Périer, Allard).

Les Cadeaux de Noël (Mme Vallin-Pardo, Mlle Saïman, M. Albers).

Le Juif Polonais (MM. Jean Périer, Audouin, Berthaud, Mlles Favart, Brohly).

La Traviata (Mlle Garden, MM. David, Ghasne).

La Charmante Rosalie (M. Périer, Mlle Favart).

Les Cadeaux de Noël sont une nouveauté, la première sur cette scène depuis la guerre Un petit « conte historique » imaginé par M. Fabre, qui évoque la détresse des orphelins dans nos pays envahis, accentuée par les rigueurs de l'hiver, et où le fusil, donné à l'aîné des enfants par un vieux chemineau, venge, entre ses mains, l'assassinat dont son père a été victime. M. Xavier Leroux a traduit ces impressions et ces caractères avec vigueur et pittoresque.

Sur la 3ᵉ page, la composition du spectacle :

Mme BARTET,
Sociétaire de la Comédie française.

Lettre pour le Petit Soldat,
de M. BRIEUX, de l'Académie française.

Poésies.

Mme Marguerite CARRÉ,
de l'Opéra-Comique.

Gavotte de MANON. . . MASSENET.
Lettre de la PÉRICHOLE. OFFENBACH.
LA GRAND'MÈRE, vieille chanson.
Une chanson de . . . . BÉRANGER.
LA MARSEILLAISE.

DÉMOCRITE
Scène de REGNARD.

M. Henri MAYER, sociétaire de la Comédie française . . . . . . *Strabon.*
Mlle DUSSANE, pensionnaire de la Comédie française . . . . . . *Cléanthis.*

GROS CHAGRIN
Pièce en un acte, de COURTELINE,
JOUÉE PAR
Mme Thérèse KOLB, sociétaire de la Comédie française
et Mlle DUSSANE.

LE KLEPHTE
Pièce en un acte de M. A. DREYFUS.

Mme Thérèse KOLB . . . . *Amélie.*
Mlle DUSSANE . . . . *Claire.*
MM. Henri MAYER . . . . *Philippe.*
SIBLOT, sociétaire de la Comédie française . . . . *Raberneau.*
BARRAL. *Antoine.*

Mlle DUSSANE . . . . *Vieilles chansons.*
M. Henry MAYER. *Poésies.*
M. SIBLOT . . . . *Poésies.*
Mlle Nelly ERRERA . . . . *Piano.*
Jean DAX . . . *Le Régisseur.*

L'heureuse entreprise que la tenace volonté de M. Émile Fabre a menée à bien et qui se poursuit régulièrement maintenant, devait faire évoquer les fastes du théâtre des armées. Et l'on a revu, par la pensée, le bon Favart au camp de Tongres, annonçant, en couplets, la bataille du lendemain, la bataille de Rocoux; puis la troupe de la Montansier jouant, dans la plaine de Jemmapes, *la Danse autrichienne;* puis les comédiens du citoyen Bernard s'embarquant pour l'Égypte, où ils allaient courir bien des aventures, dépassant les péripéties de leur répertoire dramatique et comique.

C'est une tradition bien française qui ressuscite. Le théâtre est mêlé à notre histoire militaire. Au besoin, faute d'un impresario organisant des spectacles non loin des lignes de feu, nos soldats se suffisent à eux-mêmes. Le théâtre des zouaves, en Crimée, a sa légende, mais combien d'autres scènes s'improvisèrent alors ! Le général Herbé, à cette époque capitaine adjudant-major au 20e léger, s'était piqué d'être un directeur actif. « Mon théâtre a du succès, écrivait-il de Kinburn; c'est sous la voûte de la poterne sud que se donnent les représentations : on y élève une scène sur des tréteaux; le rideau, fabriqué en coton blanc, est très bien décoré par de vrais artistes du régiment; les pièces sont gaies et fort drôlement arrangées par nos acteurs.... Le colonel a mis à leur disposition quelques vieilles robes, quelques vieux chapeaux, quelques autres colifichets, abandonnés par les femmes des officiers russes au moment de leur départ, et nos artistes ont fait de toutes ces nippes de charmants costumes pour nos jeunes premières, un peu trop barbues parfois.... » Sur quelques points du front, nos poilus avaient, eux aussi, comme les criméens d'antan, joué la comédie, et ce serait une jolie collection que celle des programmes polycopiés de ces concerts et de ces représentations, où on donna même des revues, genre encore plus éminemment national que l'opéra-comique. Dans une armée que commande un des vainqueurs de la Marne il y a spectacle toutes les semaines et un jeune sociétaire de la Comédie-Française, automobiliste du quartier général, s'y prodigue. Dans l'Argonne, il y a peu de temps, nous avons assisté à un concert où un ténor, ayant appartenu au théâtre de la Monnaie, chanta, avec un art parfait, des morceaux de la *Tosca*.

Même dans cette âpre guerre, il y aura donc une place, parfois, pour une ébauche de vie théâtrale. Mais n'était-il pas juste que le théâtre, le vrai théâtre, se déplaçât pour un public de héros? Les artistes qui joueront devant de tels spectateurs ne se défendront pas d'un peu d'émotion, sans doute. Auront-ils jamais eu une plus belle tâche? Apporter un peu de joie et un moment d'oubli des dures réalités à ceux qui sont à la peine, qui étaient la veille au péril et s'y retrouveront le lendemain; quelle scène brillante vaudra celle qui s'improvisera dans quelque grange, comme aux temps primitifs de l'art dramatique?

L'automobile permet les rapides déplacements, et les petites troupes accomplissant ces tournées martiales regagneront le soir quelque ville de l'arrière. Ce sera le seul pittoresque qui manquera. Nos officiers n'auront plus, ainsi que ceux de jadis, à assurer l'escorte des comédiennes ou à se faire galamment leurs fourriers. La Montansier avait eu ainsi un cavalier servant en la personne d'un certain capitaine Bautrichard, vieux soldat d'âme un peu ingénue, qui témoignait à la directrice des « Artistes patriotes » un respect qu'elle n'avait pas accoutumé d'exiger. Il montait la garde, le sabre nu, devant le logis où elle prenait quartier. C'est lui qui, apprenant qu'elle s'était mise au régime du lait, eut l'idée d'une attention un peu singulière. Comme Mlle Montansier, un matin, remontait dans sa voiture, elle eut la surprise d'y trouver une chèvre qui y avait été hissée et dont on avait lié les pattes. L'actrice était déjà mûre et elle avait prouvé qu'elle était brave; la rencontre se trouvait si inattendue cependant qu'elle poussa un grand cri. Mais le bon capitaine souriait, content de ce qu'il avait imaginé : le lait ne manquerait pas.

En cette représentation fameuse du 12 novembre 1792, à Jemmapes, avait paru, dans *le Désespoir de Jocrisse*, Mlle Caroline, alors débutante, ou presque, qui devait être l'étoile du théâtre des Variétés, inséparable partenaire de Brunet. C'était un joli souvenir de commencement de carrière. Elle n'accompagna pas en Belgique, cependant, sa directrice, quand celle-ci, forte du succès obtenu au camp de Dumouriez, obtint les subsides nécessaires pour son « Théâtre de la Propagande », qui devait aller répandre dans les pays récemment conquis « les principes l'amour de la Liberté et de l'Égalité », et, par la puissance de l'art, « arracher le bandeau qui couvrait les yeux de leurs habitants ». Dans cette campagne, Mlle Montansier n'hésitait pas à donner des tragédies. Autres temps! Quarante-cinq ans auparavant, Favart, à l'armée du maréchal de Saxe, n'avait représenté que des comédies, puisant dans son propre répertoire. Si, à son théâtre de Bruxelles, il offrit des pièces nouvelles, comme *Abdallas* et *les Nymphes de Diane*, il se contentait, à son théâtre militaire, d'ouvrages déjà éprouvés. Il n'y eut, croyons-nous, qu'une seule « première » au camp, une manière d'à-propos, après la prise du château d'Anvers, en 1746. C'était vraisemblablement l'œuvre d'un des comédiens de la troupe, car Favart, quelque facilité qu'il eût, n'avait guère le temps d'écrire, au milieu de ses allées et venues. Cette pièce, qui ne mériterait pas d'être tirée de l'oubli, si elle n'avait été composée, répétée et jouée pendant qu'on attaquait la citadelle, était intitulée *Brabançonne généreuse* (camp de Rauth, 7 juin). L'intrigue en était assez simple : un jeune officier français s'est épris d'une jeune Brabançonne, dont la main lui est refusée, car le père, M. de Flamenbourg, garde ses préventions contre les Français. Pour s'étourdir, l'officier joue un jeu d'enfer, et il perd quarante mille livres qu'il ne peut payer. Dans ces circonstances critiques, il ne voit d'autre solution que de s'aller faire tuer. Mais la Brabançonne, avertie, imagine de venir à son secours sans qu'il se puisse douter d'où lui arrive le salut. Avec l'aide de sa soubrette, elle lui envoie un coquin de valet qui doit faire figure d'usurier complaisant : le malheur est que ce valet n'est pas coquin à demi, et qu'il garde pour lui la somme dont il était porteur. L'officier cherche donc l'occasion d'une mort glorieuse, et, dans les dispositions où il est, il semble bien qu'il la trouvera. Le sort en décide autrement, toutefois. Il revient indemne d'un furieux assaut. Son extraordinaire bravoure réconcilie M. de Flamenbourg avec les Français, et il ne s'oppose plus à une union qui comble les vœux des deux jeunes gens. Pour les spectateurs du parterre de la Comédie-Française ou de la Comédie-Italienne, le régal eût été assez mince, mais il en était autrement pour des spectateurs qui avaient eux-mêmes participé à cet assaut, et la *Brabançonne généreuse*, paraît-il, alla aux nues.

Il est superflu de dire que le « Théâtre aux armées » d'aujourd'hui sera gratuit, et on ne comprendrait pas qu'il en fût autrement. Favart, lui, demandait aux officiers un abonnement de douze livres par mois. Mais il avait de grands frais et une troupe à payer : il aurait eu, cependant, des échéances difficiles sans les libéralités du maréchal de Saxe, libéralités qui, comme on sait, n'étaient pas toujours désintéressées. C'est au soldat qu'on pense surtout, cette fois, au soldat à qui on ne donnera jamais assez de preuves d'affection et de reconnaissance, et les artistes seront assez rémunérés par la fierté d'avoir paru, en mettant tout leur cœur dans leur talent, devant des hommes qui sont, eux, les acteurs d'une admirable histoire....

D'autres représentations du « Théâtre aux armées » ont été données à l'ancienne abbaye de Saint-Riquier (dans la Somme), à Saint-Just-en-Chaussées (Oise), à la Panne et à Coxyde (Belgique), enfin en Alsace. MM. Silvain, de Féraudy, Huguenet, Dumény, Mmes Simon-Girard, Robinne, etc., ont prit part à ces représentations.

PAUL GINISTY.

Le Théâtre aux Armées

A mon érudit confrère Albert Soubies
en hommage de vive sympathie.

Un peu partout, sur le front, dans les cantonnements, dans les dépôts, des représentations ont été organisées.

Quelques extraits de lettres de soldats donneront, mieux que tous commentaires, un aperçu de ces spectacles.

Le sergent fourrier Raoul Flavien, du 22e colonial, dans le civil dessinateur industriel à Paris, m'écrit du bivouac :

« Le corps colonial a, ou plutôt a eu son théâtre. Après des débuts isolés où, dans les granges du cantonnement, les meilleurs numéros des compagnies montaient sur un simple tréteau, le général Gouraud, lorsqu'il prit le commandement du corps colonial, fit les choses plus en grand.

« A Hans (Marne) où siègeait alors le corps d'armée et où, à tour de rôle, les divers régiments du corps colonial venaient prendre leur repos de quatre jours après leur relève des tranchées, il fit édifier un petit théâtre, par une manœuvre militaire, bien entendu.

« Les décors en étaient, ma foi, bien torchés. On y voyait sur les deux portants deux gentes damoiselles personnifiant l'infanterie et l'artillerie coloniales, cette dernière brossant de son écouvillon la gueule d'un buveur de bière siégeant dans le tympan en compagnie des charges du sinistre Kronprinz et du Kaiser, lequel s'encadrait admirablement dans la forme d'une poire. Au-dessus, des spahis faisaient le coup de feu dans un paysage africain. Ces décors, qui nous ont quittés, doivent, nous a-t-on dit, être déposés au Musée de l'armée. Sur cette scène, on chantait. L'orchestre était assez bon. Le répertoire.... un peu de tout : il y avait des comiques et des chanteurs de profession, les inévitables Polins et Dranems. On y a interprété des chansons composées par un de nos regrettés camarades, le caporal Mazurel, du 22e colonial, mort en février au fortin de Beauséjour. Cela s'appelait : *Le pont de Minaucourt, la chanson des Marmites, le Tango du Marsouin* et si, parfois, la rime était peu riche et la césure pas très respectée, le cœur y était et l'on n'y regardait pas de si près. Les séances finissaient par le défilé de quelque film cinématographique.... La troupe du théâtre se déplaçait, mais sans les décors, et allait faire des tournées dans les cantonnements voisins. Cela a duré tout le temps de notre séjour en Champagne, même après que le général Gouraud nous eut quittés. A cette époque, en juin, on partit subitement vers Arras, on espérait y porter une offensive qui n'a pas eu lieu. De retour en Champagne, à Mesnil-sur-Oger, la troupe donna sur la grand'place de cette petite ville deux représentations en plein air qui eurent un plein succès auprès de l'élément civil. Ce furent les dernières. »

Notre confrère Irénée Mauget, fondateur du Théâtre-sous-Bois — et qui fut directeur du Théâtre des Arts et de la scène de verdure du Pré-Catelan, actuellement brigadier au 4e d'artillerie lourde, dit à son tour :

« Le théâtre au front? Oui, chaque régiment organise à l'arrière son spectacle. Chez nous, il est varié. Il tient plus du music-hall que du théâtre. Il y a le clown, il y a les boxeurs; il y a même une renaissance de la comédie italienne (chez nos voisins, c'est maintenant la grande tragédie). Nous avons spectacle de cinq à sept. Le public donne un sujet, et les deux acteurs improvisent le dialogue. Les taubes font parfois des intermèdes qui ont beaucoup de succès; à quelques kilomètres, les Boches jouent aussi; mais ce n'est plus la comédie légère : ce sont les grosses pièces qui donnent — lourdeur germanique ! »

Le lieutenant de cavalerie Courtier qui appartient à l'État-Major de la 20e brigade m'a donné ces détails sur les représentations de la revue : *Tu rigoles.... boche?* dans les cantonnements pendant les périodes de repos. Composer cette petite revue fut la tâche d'un des jeunes collaborateurs de *Rigolboche* (journal des tranchées) un véritable poilu, celui-là, décoré de la croix de guerre.

« Ayant puisé dans les différents corps de troupes quelques acteurs, nous nous efforçâmes d'avoir une scène ressemblant le plus possible à une vraie scène de théâtre : composer des décors en toile et jusqu'à un rideau-réclame, voilà quelle fut la tâche des dessinateurs qui collaborent au journal. L'armée mit à ma disposition un camion automobile et des projecteurs pour les soirées. Nous fîmes alors le tour des cantonnements. Pas mal de généraux et beaucoup d'officiers honorèrent de leur présence nos représentations, et les poilus marquèrent leur satisfaction de leurs frénétiques applaudissements. Quelques quêtes faites au profit des mutilés au cours de ces petites fêtes nous rapportèrent près de 1,300 fr.

« Nous avons joué même dans le milieu des bois, à moins de deux kilomètres des Boches et au bruit incessant du canon. C'est très chic et impressionnant. La représentation se termine toujours par la *Marseillaise* reprise en chœur par tous les poilus... »

Le spectacle ne peut pas toujours avoir lieu; j'en citerai pour preuve ce fragment de lettre :

« Les Boches, qui nous laissaient tranquilles ici depuis quelques jours, ont recommencé à nous asperger ; on préparait hier une séance musicale et littéraire dans la grande salle des pressoirs, chez Heidsiek-Walbaum, lorsque ça commença à siffler et à éclater. Aurions-nous été repérés ?.... Tout à coup, tandis que nous faisions pivoter le piano sur l'estrade improvisée, une déflagration formidable nous assourdit et nous restons dans la fumée produite par la combustion de la mélinite ; une fusée tombe aux pieds de l'aumônier qui travaillait avec nous, et un lieutenant reçoit une brique dans le dos. Le plafond, en ciment armé, avait été crevé par les éclats de marmite ; le piano disparaissait sous les platras ; un tabouret recevait plusieurs balles de shrapnells !... Mais personne n'était blessé.... Une minute après, Firmin Touche arrivait avec la musique du 118e, son violon sous un bras, et son saxophone sous l'autre... ; tout le monde commentait l'événement.... Ça sifflait toujours.... Le général B.... vint et trouva qu'il valait mieux remettre la séance.... « le vent était mal placé aujourd'hui, et pouvait nous faire repérer à nouveau » ; tout le monde se dispersa et je causai un peu avec Touche.... Je t'envoie le programme de la fête, remise à.... demain..., peut-être. »

Le poète et auteur dramatique, Alexandre Meunier, mobibilisé, m'a rendu compte, en août 1915, d'une représentation donnée dans une immense écurie, au dépôt de Miribel, à Verdun :

« C'était une suite de numéros de music-hall : l'un d'eux, assez drôlet, fut un barriste, c'est-à-dire un qui faisait de la barre fixe en caleçon de coton mal cousu et menaçant à chaque instant de s'ouvrir. Ce jeune athlète saluait avec des gestes appris, la main sur le cœur. C'était touchant ! Commandant, capitaine, lieutenants, tout le monde était là ; il y avait foule et le spectacle était aussi bien dans la salle ».

En octobre :

.... « On a refait la salle. Il y a même un décor, sorte d'agrandissement d'une carte postale représentant une vue de Verdun.

J'y suis entré un jour guidé par le bruit du piano qui moulait du Saint-Saëns, c'était un homme de corvée qui avait posé là sa brouette et son balai et qui hurlait à tue-tête en s'accompagnant lui-même « Ah ! réponds à ma tendresse ! »

Autre croquis du même :

« J'ai assisté hier soir dimanche à un concert que je vais essayer de te dépeindre fidèlement. C'est dans le sous-sol d'une caserne inachevée encore. La salle est vaste, mais assez basse de plafond. On y étouffe. Il y a une scène très rudimentaire, une rampe de bougies. Les lustres sont des lanternes vénitiennes, de gros ballons de couleur. Il y a deux manteaux d'arlequin en toile grise, comme fond de décor un drapeau tricolore, des bancs pour l'assemblée, et dans l'espace libre entre la scène et les premiers sièges, des poilus sont assis à terre, à l'orientale. Du reste, l'assistance est composée en majeure partie d'artilleurs coloniaux. Beaucoup prêtent leur concours. On a retrouvé des *deffes* (casquettes) et la démarche du voyou demeure. Sentimentalisme populacier. L'orchestre est bon et accompagne du premier jet : trois violons, un violoncelle fabriqué sur place, en sapin, une guitare, un tambour — et un autre, de basque.

Il y a un violon solo remarquable qui a joué l'inévitable berceuse de Jocelyn et des variations sur un thème espagnol. Le concert est organisé par les chauffeurs d'autobus qui sont en subsistance au train des équipages et par un maréchal des logis de la compagnie des ouvriers. Le concert a commencé à six heures et demie. Entr'acte à huit heures. Tout le monde rentre pour l'appel et revient ensuite jusqu'à neuf heures et demie. Chansonnettes, romances, monologues. A la fin, quête pour les bougies. »

Un capitaine d'état-major de la IVe armée, en relatant les spectacles organisés par lui en Champagne, me donne ces détails :

« Aucun de mes auteurs ni acteurs n'était professionnel. Nous avons joué souvent des saynètes improvisées, ce qui, à mon avis, a été peut-être le point le plus intéressant de nos représentations. Deux ou trois heures avant la levée du rideau, les acteurs se concertaient sur la marche générale de l'action, surtout sur la fin possible, où l'on sortait le bon mot, le clou, et, sans autre préparation, ils jouaient avec un entrain endiablé, costumés de façon très cocasse.

« Nous eûmes ainsi une parodie de *Carmen*, avec combat de taureau (le taureau était un gros chien, sur la tête duquel on avait ajusté une petite calotte munie de cornes ; les banderilles, des fourchettes, etc.). Don José tuait Carmen à coups de siphon en lui disant : « Tiens, voilà des gaz asphyxiants ! » C'était un peu « cirque », mais très drôle. »

Le poète Louis de Gonzague-Frick juge d'un ton plus distant ce genre de distraction :

« Il m'a été donné d'assister effectivement à des matinées et soirées récréatives offertes par mes soldats au profit des blessés. Les premières séances furent organisées dès août 1914 (vers le 20), dans les dépôts ; vous voyez que nos troupiers artistiques ne chômèrent point. Puis, au cours de cet hiver, le geste de Citrouillot (style Delphi Fabrice) s'esquissa sur des estrades du front. Pour le respect de la plus grande vérité je dois vous dire que je n'entendis pas d'œuvres dramatiques, mais simplement les chansons en usage dans ces milieux. Quelques soldats épris de déclamation clangorèrent *la Grève des Forgerons*. On n'alla jamais au-dessus de ce niveau. L'art ne franchira en aucun temps les barrières ; il ne peut s'épanouir qu'au sein des élites, et celles-ci sont devenues de plus en plus rares. »

N'en déplaise à mon précieux correspondant, l'art peut se glisser partout, aussi bien dans une farce que dans une tragédie — et certains de ces spectacles militaires ont comporté la création d'œuvres véritablement réussies, comme la Revue, en tous points excellente, composée par le lieutenant poète Albert Acremant.

D'ailleurs, la Revue a fait partout fureur, et chez nos soldats autant et peut-être plus qu'à Paris. Voici le relevé, certainement incomplet, des titres de ces créations. Il a du moins le mérite d'être le premier qu'on ait pu établir :

Revues du front

Débochons-nous ! Par Albert Acremant, lieutenant au 354e d'infanterie.

Débochons-nous ! Revuette en trois actes, par un groupe d'officiers du 256e d'infanterie (Les Brebis, 18 avril 1915).

Débochons-nous ! Trois actes et un prologue de MM. Poliano (mort à l'ennemi), Tisseron et Joguet.

La Revue de Détails (Édouard), en deux tableaux, de Lortac, Baumont et Drouet, du 3e bataillon de chasseurs à pied.

La Revue sous les schrapnells, revue Wœvre et Sel, en trois actes, par Charles Calais, musique de Léon Daguerre (Ville-en-Wœvre).

La Revue de l'Eden-Trouca, en vers, par un mitrailleur du ....^{e} de ligne (front de Lorraine, Z...., les Ruines).

La Revue du 294e, par le sergent Lévy.

Tout le monde sur le Pont-Assis ! Revuette de Paul Clérouc, du 267e d'infanterie (Pont-Assis).

Tout en bleu ! du même.

On se boyaute ! du même.

Vidons nos boches ! du même (en préparation).

A Boche que veux-tu ? Un acte de MM. G. R. V. et G. L., de la 103e brigade (près de Reims, 16 mai 1915).

La Revue sans teutons, revuette de Pierre Chapelle, du *Canard Poilu*.

Tranchées dans le vif, du sergent Ichon et de MM. Lehmann et Pascaud.

Les Poilus de la 9e, du sergent Lousteau.

Rimaille ... oh ! mais, n'obuse pas ! de MM Jean Riche et Georges Lefèvre (quartier général de la ....^{e} division d'infanterie, dimanche 29 août 1915).

La Revue du Moulin-Moulin, de MM. Léo Gerville-Réache et Marcel Bégon (25 août 1915).

Tu rigoles.... boche ? En quatre tableaux, de Jean Mady (20e brigade).

La Wœvre joyeuse, revue d'armes en trois actes et à grand spectacle, du lieutenant Louis Barou, du 366e d'infanterie. Musique du maestro Philippe Gaubert.

Oh ! mais là ! de MM. Gonnel et Janon, du 6e dragons (Ambonnay, en Champagne).

La 96e ne recule jamais ! de Germain Frézel, répétée et non représentée, publiée dans *le Poilu*.

O grand Guillaume, par un zouave du 2e *bis*, représentée (Stavele en Belgique, 25 juillet 1915).

De front en combres, du soldat Fouya.

G. D. B. (groupe des brancardiers), en deux actes et dix-sept tableaux, de MM. B. et L. Musique du capitaine D.

Au boyau de la mort, du lieutenant D., de la 4e compagnie du ....e de ligne.

Repos.... et vous? En trois actes et onze tableaux, de MM. Poirier et Michel. Musique de Pinaud, du 6e génie (Frémont, 14 juillet).

La Revue du 74e, du 74e d'infanterie coloniale.

Ah! c'que t'es boche! En trois tableaux. Anonyme.

Tais-toi, tu m' rends flou! Deux actes, quinze tableaux et un prologue de Paul Genève (groupe d'aérostats, La Bassée).

Tous à la crête! Revuette en trois tableaux, de M. Edmond Rémy, du 3e bataillon de chasseurs à pied.

L'Écho des marmites, deux actes de Robert Lagus et Latour, 309e d'infanterie.

X...., revue de Franc-Nohain et Val. t n. (D..., décembre 1915).

En position pour la 32e, un acte de René Cèbe, du 1er hussards, et Ch. J. Morellet, du 53e d'infanterie (S.... J..., 25 juillet 1915).

Sans soupape, revue des automobilistes.

La Revue du 88e (en préparation)

Revues des dépôts

Débochons-nous! De Maurice Coulomb et Gilbert Bataille (Toul).

Ypres! Ypres! hourrah! De Paul Feketé et Gilbert Bataille (Toul).

K. K. phonie, de M. Octave Mahé, de la 11e section des C. O. A (Pierrefonds, 2 mai 1915).

Sur le front. A Marseille.

Le Tourneboche. Idem.

X..., revue à l'hôpital Saint-Euverte d'Orléans (octobre 1915).

La Revue de la soie, de Georges Casella et Jean Causeret (hôpital temporaire 49, Lyon, 24 juillet 1915).

Ne compliquons rien. Au dépôt de Brignol, près Toulon.

La Revue de Mourmelon. (Sans autres renseignements.)

En avant, Caen même? Un acte et deux tableaux, par un tas de poilus, 36e d'infanterie (caserne Lefebvre, à Caen, 20 septembre 1915).

En voulez-vous des percos? Deux tableaux de MM Émile Cahen et Roger Vacherot, du 160e d'infanterie (abbaye de Pignelin, près Nevers, 21 janvier 1915).

Are we downhcartes? No! (Sommes-nous démoralisés? Non!) Un acte, des mêmes.

Revues de prisonniers

Ça Colle! Deux actes et un prologue de MM. Frappier et Lesur, musique de Félix Boudray (camp de Zossen).

Paris-Prinz-Karl! Un acte de M. Victor Félix (fort Prinz-Karl, Ingelstadt, Bavière), 25 décembre 1914.

La Revue sans armes, un acte du lieutenant Olivier et du lieutenant X..., joué secrètement dans la chambre 40, de la citadelle de Mayence, le 18 avril 1915.

La Conférence de la Paix, de Joë Bridge (près de Berlin).

La Revue de Merseburg. Anonyme.

La Revue d'Oberzwehren (près Cassel).

La Revue de Darmstadt, de Charles-Robert Weber.

Pièces d'ombres

Le Poilu, par le caporal de Percy, du 245e d'infanterie.

Plus que Poilus, par Pierre Chapelle.

L'Espionne d'amour, par P. Clérouc.

Pièce d'ombres, par J. de Féraudy et Jean Fortuna.

Créations

Le Feu sacré, drame anonyme.

Un Mariage par procuration, opérette de M. Alfonsi, musique de MM. Grimaud et Lemonnier.

L'Officier de visite, drame de MM. Marius Boisson et Maxime Léry (Toul).

Le Père Crésus, comédie satirique de MM. Ch. Girard et Maxime-Léry (Toul).

La Valeur n'attend pas..., drame de Noël Laut, du 86e d'infanterie territoriale.

Le Père et le Fils, comédie en un acte, en vers, de Guillot de Saix (front de l'Aisne, 12 septembre).

Les Dernières cartouches, mimodrame par les poilus de la 9e.

A la Chambrée, farce en musique (Pastis Concert).

Le Mort vivant, farce, par Guzzi et Cabane du 302e d'infanterie (20 juin).

L'Orphéon de Vazy-en-Beuglan, bouffonnerie, 252e d'infanterie (B....).

La Vertu mal récompensée, vaudeville de P. Clérouc (Pont-Assis).

Chez le Directeur, pochade de P. Garnot et Baslon (Pont-Assis).

La Jument du colo, vaudeville d'André Spriac du 277e régiment d'infanterie.

Liaison, sketch en un acte, par des interprètes de la ...e division britannique (salle des écoles de X..., 11 septembre 1915).

Pierrot, nourricier, pantomime (dans la Woëvre, en février).
Alsace, mimodrame en un acte (Stavele en Belgique, 25 juillet 1915).
L'Ordonnance, comédie (camp de Merseburg).
La bonne Hôtesse, vaudeville de MM. Georgey et Garduit (camp de Darmstadt).

Voilà le résumé d'une nombreuse et longue correspondance avec nos soldats; je possède le compte rendu de la plupart de ces spectacles; je pourrais citer de nombreux concerts, des représentations de cirque et de Guignol, des séances de Botrel et d'Eugénie Buffet, des tournées belges, des troupes anglaises, parler des nombreuses reprises d'actes de Courteline, citer les nouveautés de Poilus'Park et du Train sanitaire 42, mais ce numéro n'y suffirait point. Il faudrait un volume qui, d'ailleurs, s'élabore et je dois arrêter ici, pour aujourd'hui, ma collaboration à l'Histoire du Théâtre.

GUILLOT DE SAIX.

Roses effeuillées...
Chansons aux blessés...

Vous voulez bien me demander quelques pages destinées à figurer dans le bulletin de notre Société.... je vais donc m'exécuter de mon mieux. Mais le problème n'est pas facile à résoudre, car, en vérité, je me sens tout gêné pour parler en ce moment de choses théâtrales. Au vrai, le mieux serait de raconter le Théâtre aux armées, d'évoquer, par exemple, les comédiens de la Montansier, s'associant au grand mouvement national et partant d'un pied léger pour aller — le 12 novembre 1792 — jouer *le Désespoir de Jocrisse* et *la Danse Autrichienne* sur le champ de bataille de Jemmapes. Mais cela, M. Ginisty l'a trop bien dit pour qu'il soit possible d'y revenir.

Aujourd'hui, que de coupes on pourrait faire parmi les journaux du front, si l'on voulait montrer le mouvement théâtral chez nos poilus. En ce moment même n'ai-je pas sous les yeux le texte d'une revue que vient de m'expédier de là-bas un de mes amis qui, dans le « civil », exerce les fonctions d'ecclésiastique, professeur de philosophie, et que les circonstances ont improvisé auteur dramatiqne à succès ? *Roses ef.... feuillées au son du canon*, tel est le titre de cette revue « rosse et patriotique », éditée sans nom d'auteur, avec cet avis caractéristique : *Se vend au profit des poilus du secteur 94. S'adresser au « Rendez-vous des Marmites » (sous-sol), ou à la tranchée de la lisière du bois, forêt de....* Cette revue guerrière, composée par des soldats, jouée par des soldats, est une chose charmante. Rien n'y manque : rosseries montmartroises, fragments d'épopée, appels aux armes et romances sentimentales. Le sergent Laurent tient le rôle du *Compère*, le caporal Cottin interprète *Michon*, et le soldat Bottinelli *le Souffleur*.... Quant au décor il représente : *l'Intérieur d'un gourbi sur le front pendant que les troupes sont au repos....* Ce qui supprime du coup les coulisses et les bandes d'air.... On y célèbre l'héroïsme sur l'air des

Soldats de *Faust*, on y blague la revaccination et l'officier d'approvisionnement sur l'air du *Bal de l'Hôtel de Ville* :

« Y m'punira, mais c'est égal
« J'ai rigolé tout d'même.... »

et le service de santé « écope » sur l'air du *Pendu* :

« Quand Dieu l'Père eut créé le monde,
« Il s'écria ; « Cré nom d'un chien !
« Ma déveine est grande et profonde,
« Car l'homme ne m'donn' que du tintouin.
« C'est un ingrat qu'est rempli d'vices !
« Décidément faut que j'sévisse !
« A ses douleurs j'vais ajouter
« L'pire des maux ; l'service de santé. » } *bis.*

J'ajoute que *Roses ef....feuillées* appartient presque de droit au bulletin de notre Société puisque ses auteurs ont eu l'ingénieuse pensée de piquer comme une cocarde, à la première page de leur brochure, cette phrase exquise de notre président, Henri Lavedan : *Le rire.... ranime, retape, fait marcher, courir, monter à l'assaut, et puis il détend et repose.... Allez-y, les joyeux, les pinsons, les types, les lascars.... Vous êtes dans le vrai !*

Et notre seul rôle consiste à reprendre en chœur — toujours, vous le voyez, les traditions théâtrales, — ce sage conseil de Lavedan sur l'air connu : « Brigadier, vous avez raison ».

Mais n'est-il pas aisé, hélas ! de recueillir des impressions de ce genre sans quitter Paris ? Laissez-moi vous conter par exemple une visite de la « Chanson aux blessés » à l'hôpital du Val-de-Grâce.

La *Chanson aux blessés !* voilà un titre qui résume toutes choses et qui relève aussi bien du *Bulletin de la Société du théâtre* que du *Bulletin de l'armée !* Ce « Croquis de guerre » me semble avoir sa place toute marquée ici....

« La *Chanson aux blessés* devrait bien venir travailler en notre hôpital.... Nous avons là des centaines de convalescents à qui pèse leur oisiveté ; ces braves gens s'ennuient et se serait faire œuvre pie que de les distraire.... »

Ainsi parla l'éminent docteur Chauffard, mué en major à cinq galons par les nécessités du temps présent.

Est-il besoin de dire avec quel enthousiasme la *Chanson aux blessés*, répondit « présent » à l'appel de « Monsieur le Major. »

Aussi, l'une de ces dernières après-midi, trois taxi-autos déposaient-ils devant la grille du Val-de-Grâce, l'un des plus anciens hôpitaux militaires de Paris.... que dis-je ? l'une des reliques mêmes du vieux Paris — tout un lot de bons et dévoués artistes : Marie Leconte, Jane Provost, Eugénie Buffet, Germaine Bailac,

Clary, MM. de Max, Robert Davin, Jean Deyrmon, toutes et tous prêts à faire de leur mieux pour mériter les bravos de nos héros mutilés.

Que de souvenirs éveille ce nom seul de Val-de-Grâce, que de reliques du passé le visiteur y rencontre à chaque pas ! Cette fois, avec l'émotion que ne manque jamais de susciter un monument auréolé d'histoire, la certitude, aussi, de se trouver en face de terribles mutilations, n'était pas sans troubler nos dévoués artistes, pourtant accoutumés aux spectacles angoissants. Ils savaient tout particulièrement qu'au premier rang de l'assistance qui s'apprêtait à les écouter et à les applaudir, se trouveraient les blessés en traitement, faisant partie du service du docteur Maurestin, lequel préside « l'atelier de réparations », refait les visages, ressoude les mâchoires par trop détraquées, remet en place les bouches bousculées par les balles ou quelque éclat de schrapnell, remodèle enfin des nez, des mentons, des maxillaires et des crânes ! Rude besogne indispensable dans nombre de cas !

Il est deux heures, la séance ne doit commencer qu'à deux heures et demie, mais depuis longtemps déjà le grand hémicycle que la bienveillante sympathie du professeur Vincent a mis à la disposition de la *Chanson aux blessés* est envahi.

Les pensionnaires du Val-de-Grâce en ont pris possession dès que les portes furent entr'ouvertes et nous avons grand peine à nous frayer un passage.... Comme il convient de bénir l'initiative du docteur Chauffard ! Il suffit, en effet, de voir la joie manifeste, l'émotion certaine qu'éprouvent ces centaines de bons Français à l'annonce du programme réconfortant et joyeux qui les attend, pour comprendre qu'en répondant à l'appel du savant docteur, nos artistes, ambassadeurs de gaieté, continuent l'œuvre de santé et que le rire n'est qu'une des étapes de la régénération.... « Pour ce que rire est le propre de l'homme » a dit notre maître François Rabelais !

Une salle bondée, pleine à craquer, une salle où tous les bancs, toutes les chaises, toutes les marches sont accaparés.... Et je ne parle ni des gradins de l'hémicycle, ni des couloirs hier encore ménagés entre les travées, pas plus que des voies d'accès, ni des escaliers.... Partout des blessés.... les officiers sur des chaises ou dans des fauteuils, les soldats entassés sur des bancs placés bout à bout, incrustés sur des embrasures de fenêtres.... un zouave en équilibre instable sur une rampe de bois avec un pied cramponné à la tuyauterie du chauffage central.... Enfin, sur l'estrade même, derrière la petite table du conférencier, un capitaine aviateur allongé sur une civière avec, sur sa tunique, la Légion d'honneur et la la croix de guerre.... Partout des têtes curieuses émergent de casques d'ouate ; des pauvres visages en capilotade, des fronts troués, des bouches de traviole, des nez mutilés.... une salle enfin à placer sous l'évocation de la Victoire de Samothrace.... sous l'invocation de la « Victoire mutilée ». Les administrateurs, les graves professeurs en dolmans d'officier avec au col ou sur la poitrine leurs rubans rouges, les assistants, les infirmières, le personnel administratif, les rares civils admis à prendre place dans cette extraordinaire chambrée tiennent — eux aussi — leur partie dans ce concert héroïque.... Et rien de plus stupéfiant que de voir ces centaines de blessés, de docteurs, d'invités, le nez plongé sur les chansons imprimées qu'avec un sourire ou un lazzi, leur ont distribuées nos aimables artistes, solfiant « à la tierce », soutenant l'accompagnement, appuyant les chœurs ; plus appliqués qu'un groupe de midinettes reprenant à l'angle d'une rue barrée, le refrain populaire que vient de leur envoyer quelque chanteur ambulant.

GEORGES CAIN.

MATINÉES NATIONALES

FONDÉES PAR L'ŒUVRE FRATERNELLE DES ARTISTES

A M. Paul Ginisty.

C'EST le dimanche 29 novembre 1914 qu'a été donnée, dans le Grand Amphithéâtre de la Sorbonne, la première de ces Matinées Nationales qui devaient, pendant de longs mois, présenter au public les chefs-d'œuvre de notre art musical et littéraire et, en même temps, permettre aux plus grands orateurs de ce temps d'apporter aux Parisiens le réconfort de leur parole patriotique.

Ce que fut cette première Matinée, qui précéda de quelques jours toutes les manifestations théâtrales et artistiques, nous n'avons pas besoin de vous le rappeler; d'abord parce que ce fut un moment d'émotion inoubliable qui est certainement resté gravé dans votre cœur comme dans le nôtre; ensuite, parce que trop modestement vous paraissez vouloir passer sous silence le rôle si important que vous avez eu dans la création de ces Matinées et la collaboration si précieuse que vous nous avez apportée pour obtenir des Pouvoirs publics l'autorisation de donner à ce Paris, que nous venions de voir si calme et si magnifiquement résolu, des manifestations dignes de lui, dignes du moment, et dont tous les bénéfices devaient aller, par l'entremise de l'Œuvre Fraternelle des Artistes, aux artistes malheureux.

Vous savez comme nous avec quelle généreuse bienveillance M. Dalimier, Sous-Secrétaire d'État des Beaux-Arts (auquel les artistes si éprouvés pendant la guerre devront tant reconnaissance) nous encouragea dans notre effort d'art et de philanthropie et avec quelle bonne grâce M. Liard, Vice-Recteur de l'Académie de Paris, consentit à mettre à notre disposition le Grand Amphithéâtre de la Sorbonne.

Le 29 novembre 1914 donc, Paris, pour la première fois, devait sortir du silence calme et volontaire qu'il s'était imposé depuis le début de la guerre. L'empressement qui accueillit l'annonce de cette Matinée nous permit de constater combien notre initiative répondait à un besoin moral. A peine une note dans quelques journaux et, dès le lendemain, l'immense amphithéâtre de la Sorbonne était entièrement loué; le jour même de la Matinée, un millier de personnes durent se retirer, faute de places.

Vous vous souvenez, au début de la séance, de cette *Marseillaise* qu'on réentendait pour la première fois depuis la déclaration de guerre et qui électrisa toute la salle; de l'allocution si noble et si mesurée de M. Croiset; de l'enthousiasme avec lequel furent accueillis les hymnes nationaux des Alliés et en particulier l'hymne belge que l'on dut rejouer, la première audition ayant été entièrement couverte par les acclamations du public; vous revoyez cet officier anglais embrassant Chevillard après le *God save the King* et vous entendez encore les applaudissements frénétiques qui remercièrent Mme Bartet, M. Mounet-Sully, M. de Féraudy, M. Laffitte; l'émotion qui s'empara de l'auditoire à la lecture par Mme Dussane et M. G. Grand, de pages saisissantes de trois écrivains, soldats de la République, tombés au Champ d'honneur, MM. Ch. Péguy, Ch. Müller et Ernest Psichari; de l'accueil frémissant qui salua tous les grands artistes qui apportaient à cette Matinée le concours inestimable de leur talent et de leur cœur.

Le public, en consacrant notre effort, venait de fonder avec nous les Matinées Nationales où, pendant tant de dimanches, il est venu chercher une diversion si noble à ses soucis, en écoutant les chefs-d'œuvre de l'art musical interprétés par l'admirable orchestre du Conservatoire et les plus belles pages de la poésie lyrique et dramatique interprétées par les premiers artistes des théâtres subventionnés et des grandes scènes de Paris.

Voici d'ailleurs le programme de cette séance mémorable :

GRAND AMPHITHÉATRE DE LA SORBONNE

Matinées Nationales fondées par l'Association Fraternelle des Artistes

SOUS LE HAUT PATRONAGE DE

M Albert SARRAUT, Ministre de l'Instruction Publique,
M. Albert DALIMIER, Sous-Secrétaire d'État des Beaux-Arts,

AVEC LA BIENVEILLANTE AUTORISATION DE

M. L. LIARD, Vice-Recteur de l'Académie de Paris et du Conseil supérieur de l'Université.

PROGRAMME DE LA SÉANCE D'INAUGURATION
DU DIMANCHE 29 NOVEMBRE 1914

AVEC LE CONCOURS DE

Mmes BARTET, DUSSANE; MM. MOUNET-SULLY, DE FÉRAUDY, Georges GRAND,
de la Comédie-Française;
de M. Léon LAFFITTE, de l'Opéra;
des Orchestres COLONNE et LAMOUREUX réunis, sous la direction de M. CHEVILLARD.

1. *LA MARSEILLAISE* . . . . ROUGET DE L'ISLE.
2. *Allocution de M. Alfred CROISET, doyen de la Faculté des Lettres.*
3. *LES CHANTS NATIONAUX DES ALLIÉS :*
   a) *God save the king* (chant national anglais).
   b) *Boje tsara krani* (chant national russe).
   c) *La Brabançonne* (chant national belge).
   d) *Chant national serbe.*
   e) *Chant national japonais.*
   f) *Chant national monténégrin.*

4. a) *SALUT A LA BELGIQUE*. . . . . DÉROULÈDE.
b) *AU PORTE-DRAPEAU*. . . . . DÉROULÈDE.
c) *LA DERNIÈRE CLASSE* . . . . Alph. DAUDET.
Mme BARTET.

5. a) *HYMNE*. . . . . Victor HUGO.
b) *LA CHANSON DES ÉPÉES* . . . . H. DE BORNIER.
M. MOUNET-SULLY.

6. a) *AUX COMPAGNIES DE GUERRE* . . . . . . Th. DE BANVILLE.
b) *HYMNE FRANÇAIS* . . . . DÉROULÈDE.
c) *DIS-MOI QUEL EST TON PAYS* . . . . ERCKMANN-CHATRIAN.
d) *EN AVANT!*. . . . . DÉROULÈDE.
Mme BARTET.

7. a) *LE VIEIL HABIT*. . . . . J. RICHEPIN.
b) *L'ESCARCELLE DU BON DIEU* . . . . H. LEFÈBVRE.
M. DE FERAUDY.

8. *QUATRIÈME BÉATITUDE* . . . . César FRANCK.
M. Léon LAFFITTE.

9. *SONNET SUR MAGNARD*. . . . . Ed. ROSTAND.
Mlle DUSSANE.

10. a) *CHANT FUNÈBRE* . . . . Albéric MAGNARD.
b) *HOMMAGE A TROIS ÉCRIVAINS, Soldats de la République tombés au Champ d'Honneur* . . . . Albéric MAGNARD.

11. a) *L'APPEL DES ARMES* (Dédicace, Prière, Récit) . Ernest PSICHARI.
b) *LES TOURS DU SILENCE* . . . . Ch. MULLER.
M. Georges GRAND.

12. a) *PRÉSENTATION à Notre-Dame de Chartres* . . . Ch. PÉGUY.
b) *POÈME* . . . . Ch. PÉGUY.
Mlle DUSSANE.

13. *MARCHE HÉROIQUE à la mémoire d'Henri REGNAULT* C. SAINT-SAENS.

ALFRED CORTOT. COOLUS.

La Société des Auteurs et Compositeurs dramatiques

ET SES ŒUVRES DE BIENFAISANCE

La Commission de la Société veut bien nous communiquer la note suivante :

Le budget de bienfaisance de la Société des Auteurs et Compositeurs dramatiques, depuis le début de la guerre, jusqu'au 29 février 1916, s'établit ainsi qu'il suit :

1° Secours et allocations	91,620 fr.	55
2° Soupes populaires au théâtre de Belleville.	11,881	65
3° Souscriptions à des œuvres de guerre . .	17,077	20
	120,579 fr.	40

Pour être complet, il faudrait ajouter à cette somme les pensions distribuées par la Société aux ayants droit, pendant cette même période, ce qui donnerait un total de bienfaisance et de solidarité professionnelle dépassant trois cent mille francs (300,000 fr.).

A côté de la Société et dans l'hôtel social même de la rue Henner, fonctionne le *Comité d'aide et de prévoyance pour les artistes français* dont la Caisse de secours, créée par une souscription, à la tête de laquelle on retrouve, comme dans nombre d'œuvres de bienfaisance et de solidarité, le baron Henri de Rothschild, fut instituée pour venir en aide « aux misères qui se cachent » pour secourir « les besogneux qui mettent leur orgueil à voiler leur pauvreté ; pour forcer la retraite du silence où leur dignité se réfugie »

Ce Comité représenté, 12, rue Henner, par MM. Paul Ferrier, président d'honneur de la Société des Auteurs et Compositeurs dramatiques, Émile Fabre et Pierre Wolff, anciens vice-présidents, et Henri de Rothschild, membre de la Société, a distribué présentement plus de 120,000 fr. aux artistes français, peintres, sculpteurs, auteurs, compositeurs, gens de lettres, artistes lyriques et dramatiques.

Les Artistes tués à l'ennemi

Les artistes dramatiques et lyriques, les compositeurs, les musiciens sont nombreux, qui sont tombés pour la défense de la Patrie, quittant, à son premier appel, avec un généreux enthousiasme, la scène ou l'orchestre, ne songeant plus qu'à être des soldats. Ces artisans de beaux rêves d'art, se trouvant tout à coup aux prises avec les plus âpres réalités, ont attesté largement la résolution avec laquelle ils avaient accepté le grand devoir.

Nous devons saluer la mémoire de ceux qui ont donné leur sang pour la défense du pays.

Mais, à ces notes évoquant tant de carrières prématurément brisées, quelle plus éloquente introduction pourrait-on trouver que cette page admirable d'émotion de Mme Bartet, parlant des comédiens tués à l'ennemi ?

« On attendait de vous, ô mes pauvres enfants, que vous fussiez habiles dans un art fait pour plaire, distraire, illusionner ; c'est, à jamais, une gratitude austère, une douloureuse vénération que vous avez méritées.

Vous promettiez de bien jouer des rôles, et vous avez tenu cette promesse en devenant vous-mêmes, par votre chair et votre sang, les héros du rôle le plus splendide que vous eussiez pu rêver d'obtenir à la scène.

Les aînés dont vous admiriez le sort et que vous ambitionniez d'égaler quelque jour, ah ! que vous les dépassez, maintenant, comme c'est à eux de vous envier !

O mes bien chers enfants, vous qui êtes sortis des rangs de nos troupes tragiques et comiques pour prendre votre place d'honneur au feu, vous avez bien simplement répondu à ceux qui s'occupaient de savoir et de décréter si le comédien pouvait se dédoubler, et s'il avait ou non une sensibilité propre. Vous êtes morts de toute votre âme, dans votre âme française, avec la belle âme naturelle de tous les purs Français ; et si vous aviez eu deux âmes, vous les auriez rendues toutes deux pour la victoire de la France. »

L'un des premiers frappés à mort, parmi les comédiens, fut Paul Chevalet, lieutenant au 26e régiment territorial. Il avait été, au Conservatoire, le dernier élève de Worms. Après avoir débuté à l'Athénée et être passé au Théâtre

Sarah-Bernhardt, il avait appartenu à l'Odéon. Il fut mon pensionnaire. C'était un grand beau garçon vibrant, chaleureux, ayant des qualités sérieuses. Sa carrière, bien commencée, devait se terminer à la clôture de la saison de la Comédie des Champs-Elysées, où il avait créé le *Trouble-Fête*, le *Veau-d'Or*, la *Victime*. Il fut tué le 26 août 1914, près de Romillies, en entraînant sa section.

Presque en même temps que lui, un autre artiste, qui avait aussi appartenu à l'Odéon, Louis Rochet, était mortellement atteint, près de Longwy, d'une balle dans l'épine dorsale. Son agonie devait être longue. Transporté à l'hôpital de Luxembourg, il y mourut le 19 septembre 1914. Il avait vingt-deux ans.

Une autre victime du commencement de la guerre fut Georges Astier, dit Dastieri, qui avait joué à l'Athénée, à la Porte-Saint-Martin, au Théâtre des Arts. A la veille même de la guerre, il paraissait pour la dernière fois devant le public au théâtre de verdure de Versailles, dans l'*Ami Fritz*. Grièvement blessé à Seraucourt, dans la Meuse, il sauva les débris de sa compagnie, cernée dans une grange. Evacué sur Clermont-Ferrand, il y succomba le 29 septembre.

Puis ce fut Raymond Reynal, le jeune et brillant pensionnaire de la Comédie-Française, où, après son premier prix au Conservatoire, il avait débuté en 1912, dans Harpagon. Le 26 juillet 1914, il jouait Bartholo ; qui eût pu penser, alors, qu'il disait son adieu au théâtre ? C'était un esprit cultivé, bien équilibré, une intelligence vive. Il fut tué pendant la bataille de l'Ourq, à Barcy, le 5 septembre. En 1915, au jour anniversaire de sa mort, son buste était inauguré, à la Comédie, placé à côté de celui de Seveste, l'héroïque combattant de 1870. Devant ce buste, M. Truffier disait des vers qu'il avait écrits en l'honneur de son ancien élève :

Il a fini son rêve à l'ombre du Drapeau
Il rentre, glorieux, sous le toit de Molière
Comme un enfant, grandi, retrouve son berceau.

Puis Raymond Garrigues, autre élève de M. Truffier, qui après son second prix de tragédie, avait été engagé au théâtre Michel de Saint-Pétersbourg, puis, revenu à Paris, avait été remarqué au théâtre Réjane. Son éducation littéraire (il était le fils d'un proviseur de lycée) servait ses qualités naturelles, donnait de la distinction à son ardeur. Il avait reçu le baptême du feu comme simple soldat. Quand il tomba, le 3 octobre 1914, dans une tranchée du Beau-Marais, il était sous-lieutenant depuis cinq jours et il était proposé pour la croix.

Georges Grégoire, de l'Odéon, venait aussi d'être promu officier, quand il fut tué, près de Mouilly, le 22 octobre 1914, d'une balle au front. Il avait débuté en 1911 dans le rôle de Balthazar, de *Roméo et Juliette*. Cette année-là, il avait créé seize rôles. Son nom, par les soins de M. Gavault, a été inscrit au foyer de l'Odéon. Son camarade, M. Laroche, à la cérémonie d'inauguration de cette plaque, consacrée aux artistes et aux employés faisant partie du personnel du théâtre, récitait un beau sonnet consacré à sa mémoire.

Comme aux beaux soirs passés de lutte et d'espérance
Il crut entendre, avant de mourir pour la France,
Une voix lui crier : « Grégoire, c'est à vous ! »

Il tomba sur le sol auquel il fut fidèle
La gloire qui passait l'emporta dans son aile.
Les lauriers sont pour lui, les larmes sont pour nous....

Maxime Capoul, neveu du chanteur célèbre, qui, après avoir fait ses preuves de comédien à la Porte-Saint-Martin et à la Gaîté sous les auspices de Coquelin, avait embrassé la carrière lyrique, eut une mort de héros. C'était dans l'Argonne, après une attaque infructueuse. Sa compagnie, décimée, devait se replier. Une colère de l'échec qu'on venait de subir l'entraîna à une sorte de défi. Il n'obéit pas à l'ordre donné de se coucher et de ramper ; il resta debout, et il fut tué net d'une balle dans la poitrine.

René Priolet avait appartenu au théâtre Antoine. Il était, au moment de la guerre, au Théâtre-Français de Rouen. Il avait écrit quelques pièces en un acte, dont l'une avait pour titre *la Mort passe*. La mort est passée.

Émile Moreno-Estreguil, second prix de tragédie en 1914, eut été un autre Beauvallet. Il avait l'ardeur, la foi, une voix de tonnerre. De cette forte voix, dix jours avant sa mort, il disait, il hurlait la *Marseillaise* en face des tranchées allemandes. Adjudant de bataillon au 120e régiment d'infanterie, il fut tué le 20 octobre 1915, en Champagne.

Raoul Sarcey, premier accessit au concours de 1914, n'avait pas eu le temps de commencer véritablement sa carrière, où il eût apporté des qualités d'intelligente application. Caporal au 128e régiment, blessé en décembre 1914, il avait hâte de guérir pour retourner au feu. « Il en était à son centième acte de bravoure », écrivit son capitaine, annonçant la fin glorieuse du jeune artiste, le 24 juin 1915.

Edmond-Charles Bailly faisait partie d'une tournée en Amérique quand la guerre éclata ; il rentra en France pour faire son devoir. Il trouva la mort en décembre 1914, dans les eaux glacées du canal de l'Yser.

Jules Fleur, dit Marcel Fleury, lui aussi, était loin au moment de la déclaration de guerre ; il était directeur artistique du Théâtre de Montréal. Ayant rejoint le 51e d'infanterie, nommé caporal, pour avoir sollicité une mission dangereuse, il fut tué, le 5 janvier 1915, dans le bois de la Grurie.

Marcel-Lucien Letellier était un « enfant de la balle », né et élevé au théâtre. Il était en dernier lieu au casino de Cauterets. Il avait du naturel et de la verve. Soldat au 79e d'infanterie, il fut mortellement atteint au combat de Vitrimont, le le 26 août 1914.

Une perte qui fut vivement ressentie fut celle de Maurice Cazeneuve, de l'Opéra-Comique où il était depuis quatorze ans, y rendant les services les plus appréciés. Après s'être prodigué pour les réfugiés français et belges, il obtint, non sans peines, de s'engager au 46e d'infanterie où servait déjà son fils. Il avait cinquante-trois ans. Par sa bravoure et son entrain, il conquit successivement ses galons de caporal, de sergent, d'adjudant. Il allait être nommé sous-lieutenant, quand il fut tué, le 6 avril 1915, en Argonne. Il avait été cité trois fois à l'ordre du jour. Il a été enterré à Aubreville [1].

* * *

Tout le monde a présente à l'esprit la tragédie qui se déroula le 4 septembre 1914, à Baron, dans l'Oise. Les pillards allemands, en se rendant au Manoir des Sources, trouvèrent porte close, mais volet entr'ouvert. Par ce volet, un bras passa : quatre coups de revolver retentirent. Albéric Magnard, le compositeur de *Guercœur*, de *Bérénice*, du *Chant funèbre*, venait de frapper mortellement un des Prussiens, de blesser un autre. L'ennemi revenait aussitôt, en force, avec son matériel incendiaire. D'autres détonations retentissaient, Albéric Magnard tombait au milieu des flammes qui commençaient à crépiter : Un artiste, un maître de l'inspiration la plus personnelle, disparaissait ce jour-là.

Plus jeune était Lucien Mailleux, tué le 7 septembre 1914, au combat de Combesseaux. « Préoccupé de moderniser, assoiffé de renouveau, il aurait sûrement trouvé sa voie », a dit de lui M. Xavier Leroux, rappelant que le musicien fut, comme le soldat, un homme d'avant-garde.

Très jeunes aussi étaient Louis Cadol, l'auteur des *Visions arabes*, d'*Ayescha*, des *Allautes*, le fondateur de la *Chimère apprivoisée*, revue d'art ambitieuse de nobles réalisations, tué le 3 septembre 1914, au Grand-Couronné de Nancy, et Pierre Mayer, tué le 28 mai 1915, à Mesnil-les-Hurlus, dont les premières œuvres attestaient, en abordant de larges thèmes, de solides études classiques.

Le nom de Philippe Moreau, fils de l'auteur dramatique, était déjà répandu : il était sous-chef des Concerts Colonne, le collaborateur le plus intime de M Gabriel Pierné. Aux Concerts Jéhin et aux Concerts Colonne, il avait fait exécuter des œuvres symphoniques d'un caractère élevé. « C'était, a dit de lui M. Xavier Leroux, un musicien d'une sensibilité exquise. » Avec quel enthousiasme, son régiment ayant été engagé dès le début de la guerre, il avait passé la

---

1. Une note de la direction a été affichée au foyer des artistes. La voici, dans sa brièveté émouvante et toute militaire :

Mes amis,

Le colonel du 46e d'infanterie m'écrit que notre camarade Cazeneuve vient d'être tué. « J'ai tenu, me dit-il, à vous faire part de la mort de ce brave, que j'aimais beaucoup. Engagé à cinquante-quatre ans, pour la durée de la guerre, avec son fils, cycliste au même régiment, il avait gagné tous ses grades au feu, de caporal à adjudant. J'allais le faire nommer sous-lieutenant. »

Au nom de l'Opéra-Comique, j'ai prié le colonel de saluer pour nous la tombe de Cazeneuve et de lui adresser notre adieu. Nous admirions son talent, qui honorait l'Opéra-Comique : nous sommes fiers de sa mort glorieuse, face à l'ennemi.

frontière et envoyé à ses parents une fleur cueillie en terre annexée! Mais il devait être tué dès le 25 août 1914, à Combesseaux.

Parmi les virtuoses, Marcel Casadesus qui, en qualité de violoncelliste, faisait partie du quatuor Capet et qui tenait, dans la société des instruments anciens, fondée par son frère Henri, la partie de viole de gambe, tué le 10 octobre 1914, à Foucquevilliers, dans la Somme. — Le violoniste Gabriel Mogey, tué près de Mouilly, en se portant au secours d'un camarade blessé. — Jacques Capdevielle, second cor-solo, de l'Opéra-Comique, mort à l'hôpital de Saint-Dizier, le 2 septembre 1915. — Le violoncelliste Georges-Léon Gaugin qui, d'abord réformé, voulut partir au feu et tombait, le 1er mars 1915, à Vauquois. — Lucien Rousseau, alto à l'orchestre de l'Opéra « coupé en deux » par un obus, selon la tragique expression d'un témoin, le 24 octobre 1914, à Verzenay. — Le hautboïste Saint-Quentin, mort à l'hôpital de Sainte-Menehould, le 14 février 1915. — Georges Pujol, chef d'attaque des deuxièmes violons à l'orchestre de l'Opéra-Comique, trois fois cité à l'ordre du jour, mortellement blessé à Vermeilles. — Le violoniste Louis Phal, tué le 16 septembre 1915, comme lieutenant : ses hommes, ne pouvant lui rendre un autre hommage, recouvrirent de feuilles de chêne le brancard qui transportait son corps à l'arrière.

Et combien d'autres encore, dont le nom était moins connu, mais qui franchissaient, avec la foi dans l'avenir, les étapes de leur carrière! Pourrions-nous avoir pour eux moins de reconnaissance et d'affection! Le sort leur destinait une autre gloire que celle qu'ils avaient rêvée. Qu'ils reposent dans cette gloire, la plus pure, la plus grande qui soit!

PAUL GINISTY.

L'ŒUVRE

DE

l'Aide aux Artistes et aux Employés de Théâtre

FONDÉE PAR

L'ASSOCIATION DES DIRECTEURS DE THÉATRE DE PARIS

Dès le commencement de la guerre, l'Association des directeurs de théâtre de Paris, — qui comprend tous les directeurs, sans exception, des grands théâtres de la capitale (y compris les théâtres subventionnés) sous la présidence de M. Albert Carré, administrateur général de la Comédie-Française, — a considéré comme un devoir de se préoccuper de la situation des artistes et du personnel des théâtres de Paris frappés par le chômage et victimes directes ou indirectes des événements.

Le 22 août 1914, en l'absence de M. Albert Carré, mobilisé, M. Porel, directeur du Vaudeville, vice-président de l'Association, prit l'initiative de réunir dans son cabinet les membres de l'Association non mobilisés et présents à Paris.

A cette réunion furent également convoqués Me Clunet et Me Mathiot, membres du Conseil judiciaire de l'Association.

Au même moment, dans le but de venir en aide aux artistes malheureux, M. Dalimier, député, sous-secrétaire d'État aux Beaux-Arts, faisait un appel public aux personnes s'intéressant au théâtre et aux arts, et créait la « Fraternelle des artistes ». Le sous-secrétaire d'État faisait parvenir à l'Association des directeurs, comme aux autres groupements, une lettre-circulaire lui demandant un concours effectif.

Les directeurs présents à la réunion du Vaudeville : Mme Réjane, MM. Gabriel Astruc, Jean Coquelin, Duplay, Alphonse Franck, Henry Hertz, Isola, Porel, Quinson et Jacques Rouché, — jugèrent préférable de créer une œuvre autonome et votèrent d'urgence la constitution d'un fonds spécial dont l'utilisation serait fixée ultérieurement.

Cette première somme, prise dans la Caisse de secours de l'Association, se montait à 6,000 fr.

M. Porel fut délégué pour rendre visite à M. le sous-secrétaire d'État afin de lui exposer les intentions de l'Association.

Sur la proposition de M. Gabriel Astruc, membre de l'Œuvre de l'aide aux femmes des combattants, une visite fut faite par MM. Porel, Alphonse Franck, trésorier de l'Association, Henry Hertz et Gabriel Astruc, à l'hôtel Édouard VII et au Pavillon Ledoyen, sièges de cette Œuvre. Après avoir constaté que le potage et la viande présentaient toutes garanties de qualité et de quantité, la délégation des directeurs se rendit au Jardin de Paris et demanda à M. Oller, directeur de l'établissement, dont la concession municipale allait venir à expiration, s'il consentirait à accueillir d'urgence dans l'enceinte du Jardin de Paris les pensionnaires éventuels de l'Association des directeurs. M. Oller se prêta fort aimablement à cette combinaison, sous réserve de l'autorisation de M. Delanney, préfet de la Seine (seul qualifié pour affecter le Jardin de Paris, propriété municipale), lequel donna son assentiment immédiat.

Grâce à ces bonnes volontés, l'Œuvre de l'*Aide aux Artistes et aux Employés de Théâtre* était fondée et pouvait fonctionner sans tarder un seul jour.

La décision des directeurs, publiée par la voie de la presse, fut vite connue des artistes et employés appartenant aux théâtres de Paris et se trouvant dans une situation précaire. Un bureau fut installé provisoirement au Vaudeville par M. Henri Sébille, caissier de ce théâtre. Un registre d'inscriptions y fut ouvert et presque aussitôt trois ou quatre cents demandes se produisirent. Des enquêtes rigoureuses furent faites sur chaque postulant et, dans une réunion qui eut lieu au Vaudeville le 27 août 1914, deux cents noms furent examinés et retenus. Comédiens et comédiennes, chanteurs, choristes, régisseurs, souffleurs, machinistes, électriciens, femmes et enfants d'artistes ou d'employés furent accueillis avec le même empressement, jusqu'à concurrence de deux cents. En effet, les dimensions du Jardin de Paris et les prévisions budgétaires ne permettaient pas à l'Association d'accueillir plus de deux cents invités, consommant quatre cents repas par jour ; car, principe important à retenir puisqu'il constitue en quelque sorte la charte de l'Œuvre des directeurs, aucune somme, si minime soit-elle, ne sera demandée aux pensionnaires. *La table est entièrement gratuite.*

Restait à trouver le matériel. Tables, chaises, vaisselle, verrerie, couverts, linge, batterie de cuisine furent offerts par Mme Jacques Gompel, M. René Kieffer, M. Oller, M. et Mme Achille Prévost et M. Alexandre Duval. Ce matériel fut complété avec les fonds de l'Association.

Le premier repas eut lieu le 31 août 1914 M. Porel, vice-président, dans une allocution touchante et dans les termes les plus affectueux, souhaita aux invités la bienvenue au nom des directeurs présents et absents.

Pour l'administration de l'Œuvre, l'Association décida qu'elle serait confiée à un ou plusieurs de ses membres, spécialement délégués à cet effet.... Mon intention étant de ne pas quitter Paris de tout l'été, je m'offris à apporter à la direction de l'Œuvre mon concours permanent et quotidien, qui fut accepté [1].

M. Maurice Charlot, secrétaire général de notre Association, était tout naturellement désigné pour me seconder au point de vue de l'administration et de l'organisation intérieure.

M. Alphonse Franck, trésorier de l'Association et M. Duplay, secrétaire, vinrent régulièrement au Jardin de Paris et constatèrent le bon fonctionnement de l'Œuvre.

Je passe sur le règlement intérieur, établi après un mois d'expérience et destiné à assurer la dignité, la continuité en même temps que le caractère amical de l'Œuvre.

Je note simplement, le cas imprévu et piquant, devant lequel la direction s'est un jour trouvée et pour lequel elle a cru pouvoir fermer les yeux sur la rigueur de ses prescriptions : une artiste de cirque ayant reçu congé de son propriétaire avec sa ménagerie composée de douze chiens, une chèvre, deux poneys et un singe est venue demander, pour ses animaux, l'hospitalité du Jardin de Paris. L'administration a pensé qu'il s'agissait, en l'espèce, d' « artistes » d'un genre spécial et elle a fait aménager deux pavillons du Jardin de Paris pour recevoir les animaux savants. Ceux-ci ont été nourris pendant de longs mois et c'est seulement au

---

1. Peut-être nous sera-t-il permis de reproduire ici la lettre que M. Astruc reçut de M. Albert Carré, président de l'Association, à la fin de la première année de sa gestion, et qu'il avait cru, dans le présent article, devoir passer sous silence. (N. D. L. R.)

Mon cher Astruc,

J'ai lu avec le plus grand intérêt le compte rendu de la première année d'existence de l'*Aide aux Artistes et Employés de Théâtre* fondée par l'Association des Directeurs de Théâtres de Paris, sur l'initiative de mon très cher ami Porel et qui, grâce à vous, grâce à vos collaborateurs et grâce aussi aux généreux donateurs qui ont répondu à nos appels réitérés, a pu, depuis bientôt dix-huit mois, soulager tant de misères.

C'est dans un sentiment de justice instinctive que je viens de vous nommer le premier parmi ceux auxquels nous devons le beau résultat que révèle votre rapport. Je n'oublie pas pour cela ceux qui vous ont si admirablement secondé, comme notre Secrétaire général Charlot. Je n'oublie pas non plus ceux et celles qui, sous toutes les formes, nous ont apporté leur bienfaisant concours.

La liste en est longue. Sans y avoir jeté les yeux, je savais d'avance de quels noms elle devait se composer. Ces noms, toujours les mêmes, je les connaissais pour les avoir inscrits bien souvent sur d'autres listes analogues, car le métier de moine-mendiant m'est connu. Ce sont les récidivistes de la charité. Leur fonction est de donner et c'est aussi leur joie. Et je les envierais volontiers, tant le geste que je leur vis faire bien des fois trahissait de contentement.

De cette moisson dorée vous avez été le bon meunier et, boulanger infatigable, vous en avez pétri le pain qui, depuis de longs mois, a empêché un millier d'artistes de mourir de faim.

Chaque matin, vous vous êtes levé avec cette phrase renouvelée de Victor Hugo : « Mangeront-ils ? » Et, chaque soir, vous vous êtes recouché en vous disant : « Ils ont mangé ».

Et de ce fidèle souci, de vos nobles efforts, de tout ce que nous vous devons, j'ai voulu vous remercier, en ces quelques mots, au nom de vos confrères de l'Association des Directeurs de Théâtre.

ALBERT CARRÉ.

moment des fortes chaleurs que, pour des raisons d'ordre sanitaire, leur évacuation fut ordonnée.

Le nombre des artistes et employés qui, pendant la première année, c'est-à-dire jusqu'au 31 août 1915, se sont fait inscrire à l'Œuvre et ont bénéficié de son organisation, a atteint près de neuf cents. La présence de ces pensionnaires n'a pas été simultanée, elle a été successive et une sorte de roulement s'est établi, mais jamais le nombre des repas n'est descendu au-dessous de deux cent-quatorze et leur total, certains jours, a atteint quatre cents trente.

Le cent millième repas a été distribué le 28 juin 1915. Le nombre, au 31 août 1915, dépassait cent vingt mille.

***

L'*actif* de l'aide aux artistes et employés de théâtre provient d'abord, ainsi que je l'ai dit plus haut, de la caisse de secours de l'Association des directeurs de théâtre. A cette première souscription sont venus se joindre un grand nombre de dons généreux faits par les membres de la grande famille théâtrale.

Le *passif* comprend les frais de table, les dépenses et les appointements de l'ouvroir, l'achat des produits pharmaceutiques nécessaires au Service médical, et les frais généraux (secrétariat, dactylographie, frais de bureau, personnel). Une comptabilité rigoureuse des recettes et des dépenses a été tenue au jour le jour par M. Raymond Armant, caissier-comptable de la charge d'agent de change Burat, qui a apporté à ce service bénévole une ponctualité parfaite et une expérience précieuse.

Dès la première réunion du Vaudeville, les directeurs souscrivirent personnellement et firent appel à quelques-uns de leurs amis. M. Henry Hertz apporta une souscription de 1,000 fr. de M. C.-L. Charley; je remis un chèque de 1,000 fr. de Mme Moulton et une somme de 150 fr., don de Mme Kerla Maximoff, ancienne choriste du Théâtre des Champs-Élysées; M. Jacques Rouché s'inscrivit pour 1,000 fr., M. Max Maurey pour 500 fr.

Le 24 novembre, une circulaire fut adressée à une sélection de personnalités parisiennes, de Mécènes connus, d'abonnés de l'Opéra, de la Comédie-Française et de l'Opéra-Comique, de commanditaires et de fournisseurs des divers théâtres.

Ce premier appel de fonds produisit une trentaine de mille francs. Le 15 avril, une seconde circulaire fut envoyée aux premiers souscripteurs, pour leur rendu compte des résultats obtenus et faire un nouvel appel à leur générosité : celui-ci donna à peu près autant. D'autres, depuis, ont obtenu des résultats aussi encourageants.

Il me serait impossible de citer ici les noms de tous nos bienfaiteurs. Que leur modestie cependant me pardonne de lui faire violence en signalant ici quelques-unes des souscriptions les plus importantes.

Ces chiffres doivent s'entendre pour la première année, c'est-à-dire jusqu'à la date du 31 août 1915. Dans tous les relevés que je consigne ici, je suis obligé, en ce moment, de ne prendre pour base que les comptes établis à cette époque.

MM.	Edward Tuck (par M. Jean Coquelin)	2,500	»
	Jacques Rouché (2 versements)	2,000	»
	Le docteur Henri de Rothschild (par M. F. Huguenet). . .	2,000	»
	Georges Menier (3 versements)	1,500	»
	Le Prêt d'honneur.	1,150	»
	Reubell (par mensualités).	1,100	»
	Lucien Guitry (par mensualités).	1,050	»
	Max Dearly (représentation à Londres)	1,025	»
Mme	la comtesse de Valencia (par mensualités).	1,020	»
M.	Maurice Donnay (divers versements)	1,002	50
Mme	Moulton (par M. Gabriel Astruc)	1,000	»
MM.	C.-L. Charley (par M. Hertz)	1,000	»
	Gaston Menier, sénateur (2 versements)	1,000	»
	Mills (par M. Maurice Donnay)	1,000	»
Mme	Ludovic Halévy	1,000	»
	French Relief Fund of America (par M. Dalimier).	1,000	»
M.	Bader, des Galeries Lafayette.	1,000	»
Mme	Louise Balthy (concert à Biarritz)	1,000	»
MM.	Henry Deutsch (de la Meurthe) (2 versements)	800	»
	Camille Saint-Saens (2 versements)	600	»
	Lignereux, agréé (divers versements)	575	40
Mme	Marbeau	544	40
M.	Max Maurey.	500	»
	L'Union des Arts	500	»
MM.	Marcel Meyer (Compagnie Edison).	500	»
	Le vicomte François de Curel	500	»
	L'Écho de Paris.	500	»
	Le Matin.	500	»
Mlle	Cléo de Mérode.	500	»
MM.	Isidore de Lara (concert à Londres).	500	»
	Anonyme, remis par la mairie du 9e arrondissement . . .	500	»
	Nersessian	500	»
	Société chorale d'amateurs	500	»
Mme	la duchesse de Marchena	500	»
	La Saint-Cyrienne (en remerciement de la collaboration de M. Gabriel Astruc, au Gala de la Porte-Saint-Martin) . .	500	»
M.	Alph. Franck (produit de la répétition générale de *Kommandantur*)	450	»

Œuvre du Bon Feu (par Pierre Wolff)	432	»
Mme Odette Dulac (divers versements)	430	»
M. de Villoutreys (divers versements)	390	»

. . . .

Les dons en nature ont été également innombrables. Certains même ont eu pour l'économie de l'Œuvre une importance capitale. Ainsi une mention toute spéciale est due à la Maison P. Burns et Cie, de Toronto (Canada), qui, par l'aimable entremise de son représentant en France, M. Ed. Fontaine de Laveleye, a fait don à l'Association de trois cents kilos de jambon, soit une valeur de 1,800 fr. environ.

De même la Maison Amieux frères a gratifié notre restaurant d'un envoi de conserves et de confitures, représentant environ un millier de francs.

Dès le début au mois d'octobre 1914, une démarche avait été faite auprès du Comité de Secours National, pour attirer l'attention des pouvoirs publics sur l'Œuvre des Directeurs et obtenir un encouragement financier. M. Louis Thomas, conseiller d'État, membre du Comité du Secours National, sous les auspices de M. Georges Bernard, percepteur du 9e arrondissement de Paris, vint inspecter les divers services de l'Œuvre et, par son rapport favorable, demanda et obtint, le 4 novembre 1914, une subvention mensuelle de 570 fr. pour la table et de 350 fr. pour l'ouvroir.

En somme, jusqu'au 31 août 1915, cent dix-neuf mille deux cent soixante-trois repas ont été servis avec une dépense totale de 78,796 fr. 85, ce qui donne le chiffre de 0 fr. 65 par repas, cette somme englobant les dépenses de toute nature : entretien de l'immeuble, éclairage, chauffage, nourriture, secours quelconques, frais généraux de toutes sortes.

Le service de cuisine et de table (cuisson des pâtes et légumes, transport, nettoyage, vaisselle, etc.) est assuré par cinq machinistes, sous la direction de M. Henri Vigouroux, délégué, chef machiniste du Vaudeville, homme intelligent, avisé, économe.

Dans une intention délicate et que chacun comprendra, le service de la table est fait depuis l'origine par un certain nombre d'aimables artistes qui ont offert spontanément leur gracieux concours à leurs directeurs. Qu'elles soient ici remerciées pour leur zèle, leur vaillance, leur fidélité et leur inlassable générosité. Voici leurs noms : Mmes Suzanne Alexandre, Jeanne Blangy, du Vaudeville; Andrée Baury, de l'Athénée; Susy Depsy, des Variétés; Odette Dulac; Odette de Fehl, de l'Odéon ; Andrée Férane, du Vaudeville; Berthe Flotow, de l'Athénée ; Paule Gorska, de l'Opéra-Comique; Lillian Grenville, de l'Opéra-Comique ; Guintini, de la Comédie-Française; D. Lobstein, de l'Opéra ; Lowentz, de l'Opéra ; Fernande Prial, des Bouffes-Parisiens ; Yvonne Reynolds, de la Renaissance; Drette Sarthys, du Théâtre Fémina ; Anna Thibaud ; Zorelli, de l'Odéon, et Mme Aimée

Samuel-Charlot, l'artiste tant fêtée du Palais-Royal, qui assume, en outre, la tâche délicate de la préparation des menus.

A cet essaim d'artistes, il convient de joindre les noms de Mmes Daniel Enoch, Armand C. Strauss, Susane et Thérèse Wellhoff, Andrée Worms et celui de Mme Gabriel Astruc, qui, dès le premier jour, apporta son concours régulier à l'Œuvre des Directeurs.

* * *

Le service délicat du contrôle a été assuré pendant six mois par M. Louis Gauthier, du Vaudeville, qui cumulait avec ces fonctions de surveillant amiable celle d'instructeur des jeunes recrues de la Fédération militaire. Un arrangement intervenu entre les autorités militaires [1] et la direction de l'Œuvre de l'Aide aux Artistes permit d'abord à M. Gauthier d'exercer les deux fonctions dans le local du Jardin de Paris. Un moment vint où les nécessités du service militaire l'emportèrent, et M. Louis Gauthier, dont le dévouement et la ponctualité méritent d'être particulièrement signalés, fut remplacé au contrôle de l'Aide aux Artistes par Mlle Susane Wellhoff, qui depuis lors assure le service avec une intelligence et un doigté parfaits.

* * *

Un des caractères particuliers de l'Œuvre des directeurs de Théâtre consiste en ce que les mères de famille y sont reçues avec leurs enfants. Au début, ces derniers passaient toutes leurs journées dans le Jardin. Lorsque la température obligea la Direction à transférer le restaurant à l'intérieur de l'habitation de M. Oller, la direction décida de créer une école et de rendre l'instruction en quelque sorte obligatoire. Une démarche fut faite auprès des éditeurs classiques Armand Colin et Cie, qui s'empressèrent d'offrir le matériel scolaire nécessaire : grammaires françaises, petites anthologies, cours d'arithmétique, d'histoire, de géographie, etc. Vingt-deux enfants prennent part aux cours. La classe est faite chaque jour de une heure à trois heures, et de trois heures et demie à cinq heures par Mme Deroy, artiste dramatique.

Des cours de solfège, des leçons de piano, de violon, de danse.... furent aussi organisés.

Le service médical devait nécessairement attirer d'une façon toute particulière l'attention des organisateurs. MM. les docteurs Ernest Thomas et Issaurat, sollicités par MM. Maurice Charlot d'apporter leur concours à l'Œuvre, acceptèrent de

1. Pour éviter que le local du Jardin de Paris pût recevoir une autre affectation que celle de l'Œuvre de l'Aide aux artistes, l'Association des Directeurs sollicita un ordre de réquisition de l'autorité militaire, et la Fédération Nationale des Sociétés de Préparation Militaire, à partir du 22 septembre 1914, fut seule autorisée à partager la jouissance de l'établissement du Jardin de Paris.

venir d'une façon régulière, deux fois par semaine chacun, pour examiner les pensionnaires malades.

En dehors de ces quatre jours de consultation, MM. Thomas et Issaurat se rendirent au Jardin de Paris toutes les fois que leur présence fut réclamée. Il visitèrent à domicile les malades intransportables. On peut estimer que chacun d'eux est venu près de cent cinquante fois au jardin de Paris et a donné un total d'au moins mille deux cents consultations, pendant la première année.

Ici encore, à l'hommage de gratitude que nous devons à leurs éminents services il me faudrait joindre des remerciements tout particuliers pour mainte intervention accidentelle, pour une foule de dons en nature des fabricants et des spécialistes, enfin pour M. Brocadet, pharmacien, l'un des plus fidèles bienfaiteurs de l'Œuvre et qui s'est mis, dès l'origine, à la disposition de l'Association.

Le jour même où fut inaugurée l'Œuvre de l'Aide aux Artistes et Employés de Théâtre de Paris, l'Association, grâce au concours d'une personne généreuse, Mme Jacques Gompel, put fonder un ouvroir dans lequel vingt femmes furent appelées à travailler. Le budget de l'ouvroir représente aujourd'hui plusieurs milliers de francs. L'Association des Directeurs tient à exprimer à sa bienfaitrice ses sentiments de profonde gratitude pour la subvention qu'elle continue d'accorder à une catégorie si intéressante de pensionnaires du Jardin de Paris.

Les ouvrières de l'ouvroir furent choisies parmi les pensionnaires plus particulièrement désignées par leurs emplois antérieurs pour s'occuper de travaux d'aiguille. Elles furent placées sous la direction de Mme Aimée Samuel-Charlot, qui s'emploie avec un dévouement parfait à surveiller la qualité du travail et la stricte discipline de l'atelier. Une allocation de 20 fr. par mois est accordée à chaque ouvrière pour six jours de travail par semaine. La plupart d'entre elles ayant droit à l'allocation de 1 fr. 25 ou à l'indemnité de chômage, ce supplément de 20 fr., s'ajoutant à la nourriture gratuite, leur rend l'existence plus facile.

Mlle Drette Sarthys, une jeune artiste du théâtre Fémina, a accepté de venir presque quotidiennement préparer le travail de l'ouvroir en qualité de coupeuse. C'est elle qui a taillé les 6,000 objets manufacturés jusqu'ici.

L'organisation du vestiaire, comme celle de l'ouvroir, a été confiée à Mme Aimée Samuel-Charlot, qui s'est acquittée avec beaucoup de tact de la tâche parfois délicate de l'habillement des pensionnaires de l'Œuvre. De fin août à ce jour, près de mille pièces ont été offertes à des artistes et employés de théâtre malheureux.

Pour distraire les invités de l'Association des Directeurs, des conférences ont été faites régulièrement depuis l'origine de l'Œuvre. Mme Daniel Lesueur, présidente de l'Aide aux femmes des combattants, est venue, en voisine, apporter à nos pensionnaires le réconfort de son talent d'orateur. Miss Lily Butler, membre de la Croix-Rouge anglaise, fit à plusieurs reprises des causeries très documentées sur la Grande-Bretagne, ses monuments, sa littérature et son théâtre, M. le colonel Cashwell, de l'armée américaine, fit une conférence agrémentée de projections pittoresques sur son voyage et ses chasses aux fauves dans les États-Unis.

Une mention d'honneur est due à M. Georges Boyer, ancien secrétaire général de l'Opéra qui, chaque jeudi, sans manquer, depuis la première semaine, est venu faire au Jardin de Paris sa conférence. Cet orateur charmant a le talent de rattacher à l'actualité la série intarissable de ses souvenirs de théâtre. Les conférences de Georges Boyer resteront comme une des institutions de l'Aide aux artistes, et nous ne pouvons pas laisser ignorer que ce causeur original, aussitôt descendu de l'estrade, n'a jamais manqué d'aller porter au caissier des honoraires.... qu'il ne touchait point. La somme ainsi versée par M. Georges Boyer ne se monte pas à moins de 300 fr.

D'autre part, toutes les fois que l'on fit appel aux artistes du Jardin de Paris pour jouer au profit d'œuvres de bienfaisance ou pour distraire les blessés dans les hôpitaux ils acceptèrent de grand cœur et de la manière la plus gracieuse.

Dans tous les hôpitaux de Paris, de la Seine et de Seine-et-Oise, les pensionnaires des Directeurs parurent soit individuellement, soit ensemble et sous le couvert de l'Œuvre. L'organisation de ces concerts était confiée à M. Maurice Charlot, assisté par les délégués.

Mais il faut dire aussi que l'Œuvre s'est tenue en rapports constants avec les divers établissements de Paris où des emplois pouvaient être vacants. Une démarche avait même été faite à l'origine auprès de la Direction des postes et télégraphes de la Seine pour offrir d'une façon globale le concours d'artistes et employés de théâtre au service des postes. Il est arrivé très fréquemment au cours de la saison théâtrale que des régisseurs soient venus demander au Jardin de Paris des artistes, des choristes, des souffleurs, des figurants, etc. Nombre de nos pensionnaires ont été employés au théâtre Sarah-Bernhardt, au Gymnase, au Vaudeville, à la Gaîté, au Châtelet, au théâtre Antoine et au Palais de Glace.

* * *

Ces concerts du Palais de Glace méritent une mention spéciale ici.

Depuis la fin du mois d'octobre 1914 une série de concerts symphoniques, d'auditions et de récitals a été organisée, d'abord à l'hôpital militaire du *Grand Palais*, puis au *Palais de Glace* des Champs-Élysées, dans le but d'apporter des distractions aux blessés militaires, et, par suite, de donner les premiers secours à ceux qui quittaient l'hôpital.

L'idée première ne tarda pas à s'amplifier; je proposai ainsi, comme organisateur, à la haute direction de l'hôpital militaire du Grand Palais, non seulement de lui apporter le concours des pensionnaires du Jardin de Paris, mais aussi de faire appel à tous les artistes des grands théâtres de musique et de comédie pour donner à ces auditions un caractère tout à fait artistique. Une lettre adressée aux artistes des théâtres subventionnés et des théâtres du boulevard reçut l'accueil le

Simple question

Le dix-huitième siècle s'était écoulé, élégant, voluptueux, frivole. « Après nous le déluge », disait le souverain. Le coup de pistolet du *Mariage de Figaro* ne l'avait même pas dérangé de ses plaisirs. Il en avait ri. La Révolution survient. Les théâtres restent ouverts. Quelles pièces représentent-ils ? Des pièces uniquement consacrées aux événements que les comtemporains voient se dérouler devant eux, politiques ou militaires. Il n'y a peut-être pas un ouvrage où il n'y soit fait allusion, à quelque genre qu'il appartienne.

La fin du dix-neuvième siècle et le commencement du vingtième révèlent, parmi nous, sauf chez quelques observateurs vigilants et attentifs, une insouciance, presque un abandon sans remède. Toutes nos portes sont ouvertes à l'Allemand... L'hystérie de Salomé s'agite sur notre première scène lyrique. Paris, aussi, danse le tango. Mais quelqu'un trouble la fête. La plus formidable des guerres est déchaînée. Paris, la France entière se redressent, admirables de volonté et d'héroïsme. Les théâtres, après un court intervalle, reprennent leurs représentations. Quelles pièces représentent-ils ? Presque tous, des vaudevilles « d'avant-guerre », et, sauf les chants patriotiques et quelques rares exceptions, aucune œuvre qui s'inspire ou se ressente des événements les plus terribles, les plus significatifs, auxquels l'humanité ait assisté depuis de longs siècles.

Pourquoi cette différence entre deux époques en d'autres points semblables ?

Qu'il me soit permis de soumettre ce sujet particulier d'étude aux philosophes qui auront le loisir de méditer sur la grande guerre.

Adolphe Aderer.

Les Théâtres bombardés

Parmi les édifices de Reims dévastés par le bombardement, se trouve le théâtre, dans la rue de Vesle.

La façade porte les traces des obus qui l'ont atteinte, mais la salle et la scène ont été détruites complètement. La voûte du plafond s'est écroulée, et ce n'est plus, à l'intérieur, qu'un monceau de décombres. De la rue, on aperçoit, dans ce qui fut le magasin de décors, quelques chassis épargnés, par hasard, par l'incendie.

Le théâtre de Reims, dont la construction fut commencée en 1866, était un beau monument, de proportions élégantes. Il avait été édifié par M. Alph. Gosset, qui avait pu mettre en pratique les idées qu'il avait exposées dans un livre sur la construction des théâtres. M. Gosset — qui est mort en décembre 1914, c'est-à-dire peu de temps après la destruction de son œuvre — s'était préoccupé particulièrement de la question des déga-

chez Thérèse, le Cid), dansés par Mlles Zambelli, Aïda Boni, Marthe Urban, M. Aveline et tous les artistes de la danse de l'Opéra ; enfin, *Sainte-Russie*, tableau populaire chanté par Mme Félia Litvinne, avec les chœurs de l'Église russe et de l'Opéra.

Recette : *80,000 fr.*, partagée entre la Caisse de retraite de la Société des auteurs, le Comité de prévoyance artistique, les Trente ans de théâtre, le Bon feu, et l'Aide aux artistes et employés de théâtre.

La dernière en date des grandes manifestations fut le *Festival des Trois gardes*, donné le 28 avril, au Palais du Trocadéro.

Elle réunit sur la scène du Trocadéro les trois musiques militaires des Coldstream Guards de S. M. le roi d'Angleterre, des Carabiniers royaux d'Italie et de la Garde républicaine de Paris, sous la direction de leurs chefs, MM. le captain J. Mackenzie-Rogan, le chevalier Luigi Cajoli et M. Balay.

Le spectacle commença par une poésie inédite de Paul Ferrier : *les Trois gardes*, dite par Mlle Paule Andral. — La musique des Coldstream Guards joua le *God save the King*, *Festival of Empire*, de Mackenzie Rogan, Trois Danses, d'Edward German, la 4e *Symphonie*, de Tchaïkowsky, et le *Carillon*, d'Elgar ; la musique des Carabiniers italiens joua la Marche royale, l'Hymne de Garibaldi, l'Hymne de Mameli, la *Marche du couronnement*, de Saint-Saëns, la Symphonie sur *Guillaume Tell* et l'*Hymne au soleil*, de Mascagni ; la musique de la Garde joua le *Salut à la Serbie*, de G. Balay, l'Ouverture du *Roi d'Ys*, de Lalo, et la Marche de *Sambre-et-Meuse*.

La recette atteignit *47,000 fr.* Le bénéfice, — environ 32,000 fr., — fut partagé par M. Astruc entre l'Hôpital auxiliaire no 38 (S. S. B. M.), et l'Aide aux artistes et employés de théâtre Il s'augmenta le surlendemain de la somme de 38,500 fr , produit d'un Festival franco-italien au Jardin des Tuileries, improvisé en vingt-quatre heures, par l'Association des directeurs de théâtre, sur la demande de M. Albert Dalimier, sous-secrétaire d'État des Beaux-Arts.

Cette recette fut partagée entre les œuvres de guerre italiennes et françaises.

Le régisseur général de ces matinées exceptionnelles fut M. Léo Devaux, dont l'intelligence et le dévouement appellent un remerciement tout particulier.

Le signataire de ces lignes s'improvisa, pour ces diverses solennités,.... marchand de programmes Grâce au concours des plus gracieuses artistes des théâtres parisiens, près de 18,000 fr furent ainsi recueillis au profit des œuvres de guerre.

.... C'est le cas ou jamais de dire qu'il n'y a pas de sot métier !

MAURICE CHARLOT,

secrétaire général

de l'Association des directeurs de théâtre de Paris.

plus sympathique; les concours les plus généreux et les plus spontanés s'offrirent de toutes parts.

La qualité artistique des Concerts du Grand Palais et le succès qu'ils obtenaient parmi les blessés furent vite connus du public, et plusieurs personnes de la société parisienne demandèrent à la direction de l'hôpital du Grand Palais l'autorisation d'y assister. Cette autorisation ne put leur être accordée, les règlements du Service de Santé s'y opposant formellement. Le Comité de patronage de l'hôpital du Grand Palais, et en particulier M. Corbassière, membre de ce Comité, eut l'idée de transporter ces exécutions en dehors de l'hôpital de manière à permettre au public d'y assister. Une démarche fut faite auprès du Conseil d'administration de la Société du Palais de Glace tendant à obtenir l'autorisation d'y donner des concerts. M. Joly, en qualité de président, s'empressa d'accepter cette proposition et offrit la salle à titre gracieux.

La direction artistique me fut confiée, et M. Félix Juven, l'éditeur, accepta la direction administrative; toutes deux devant être, bien entendu, entièrement gracieuses.

Le concert d'inauguration fut exécuté le jeudi 24 décembre. Ceux qui suivirent, et qui donnèrent, jusqu'au 2 mai 1915, une recette totale de 35,692 fr. 80, ne firent pas entendre au public moins de 658 artistes lyriques et dramatiques, sans compter 200 artistes des chœurs et de l'orchestre.

Les programmes, combinés par moi d'accord avec le Comité et M. Léo Devaux, se composaient principalement d'auditions musicales, — chants, adaptations, instruments, soli, morceaux d'orchestre, — et ont compris également des conférences, des comédies, des sketchs, des revuettes patriotiques et d'actualité, des opérettes, des opéras-comiques en un acte, des sélections d'opéras-comiques en costumes, des pantomimes, des festivals, etc.

Plusieurs chefs d'orchestre parmi lesquels MM. André Messager, Xavier Leroux, Henry Büsser, Eugène d'Harcourt, William Marie, sont venus conduire ou accompagner leurs œuvres.

Enfin, des sélections d'opéras en costumes, avec mise en scène, dont : *Werther*, *Manon*, *Carmen*, *Faust*, *Mignon*, *Rigoletto*, *la Traviata*, *le Barbier de Séville*, *la Fille du régiment*, *la Vivandière*.

La mise en scène de presque toutes ces œuvres fut établie avec sûreté et avec goût par M. Léo Devaux, régisseur général, dont le zèle parfait mérite d'être particulièrement signalé.

Tous les employés des Matinées Françaises, — et parmi eux le chauffeur du calorifère, les distributeurs de prospectus, les colleurs d'affiches, les balayeurs de salle, les contrôleurs, les ouvreuses, garçons de courses, etc , etc., furent recrutés parmi les artistes sans travail de l'Œuvre du Jardin de Paris, et reçurent régulièrement de ce chef une indemnité pécuniaire.

GABRIEL ASTRUC.

*
* *

Quelques détails additionnels à ce compte rendu nous sont fournis par la lettre suivante, dont la documentation mérite aussi de prendre place ici.

(N. D. L. R.).

Chargé de l'administration de l'Œuvre créée par les Directeurs de Théâtre, j'eus, à plusieurs reprises, l'agréable surprise de recevoir des chèques d'une certaine importance qui venaient grossir notre caisse. J'évalue ces sommes à 25,000 fr. environ. Elles représentent la part que M. Gabriel Astruc fit réserver à notre Œuvre, en rémunération de sa collaboration directoriale à quelques grandes représentations de charité.

A la gloire de Saint-Cyr, tel est le titre de la première de ces matinées, qui eut lieu le mardi 12 juin 1915 au Théâtre de la Porte Saint-Martin, au profit de l'Association Amicale des Élèves et anciens Élèves de Saint-Cyr, pour les veuves et orphelins des Saint-Cyriens tombés au champ d'honneur.

Au programme, première représentation de *la Veillée de Saint-Cyr*, acte en vers inédit de M. René Fauchois, et de *le Triomphe de Saint-Cyr*, revue de circonstance écrite par Rip. Mlle Roch, de la Comédie-Française, déclama pour la première fois *En avant!* de Paul Déroulède, avec le concours des clairons et des tambours de la Garde Républicaine, qui joua, pour terminer, les *Marches et Refrains de l'armée française*, sous la direction de M. Guillaume Balay, son chef.

La recette fut de *53,000 fr.*

Le samedi 20 novembre 1916 eut lieu, à la Comédie-Française, la matinée *Pour les héros de l'air*, au profit des familles nécessiteuses des aviateurs morts au champ d'honneur.

M. Louis Barthou, ancien président du Conseil des ministres, fit une patriotique allocution et exalta en termes enthousiastes l'héroïsme des aviateurs français

Mme Sarah Bernhardt fit ce jour-là sa réapparition à Paris.

Puis le *Mariage forcé* fut joué par la Comédie-Française. Mme Marguerite Carré et M. Edmond Clément chantèrent la scène de Saint-Sulpice de *Manon*; *la Marraine*, saynète inédite de M. Henri Lavedan, fut jouée par Mmes Pierson et Berthe Bovy et par M. Polin ; Rip écrivit spécialement une parodie du Sextuor de *Lucie de Lammermoor*, chantée par Mmes J. Marnac, Marguerite Deval, Spinelly, et MM. Paul Ardot, Claudius, Dranem, Raimu et Vilbert; enfin, M. J. Rouché, directeur de l'Opéra, remit à la scène, pour la circonstance, *Gretna Green*, le ballet d'Ernest Guiraud, qui fut dansé par Mlle Zambelli, les sujets et le corps de ballet de l'Opéra.

Recette : *62,000 fr.*, à laquelle s'ajouta, le samedi suivant, un supplément de 20 000 fr. (même programme), partagé entre la caisse des « Héros de l'air » et la « Journée du Poilu ».

Le samedi 5 février, à l'Opéra, eut lieu la représentation *Art et Charité*, sous le patronage de la Société des auteurs et compositeurs dramatiques.

Au programme : la *Marche héroïque* et *la Gloire*, de Camille Saint-Saëns, jouées par la Garde Républicaine et l'Orchestre de l'Opéra (soli chantés par MM Laffitte et Delmas); première représentation de *la Forêt sacrée*, tableau allégorique de M. René Fauchois, musique de scène de Ch. Pons, joué par la Comédie-Française ; premier acte de *Don Pasquale*, chanté par les artistes italiens de la Scala de Milan ;

Les *Grands ballets français* (Javotte, les Deux pigeons, Sylvia, la Korrigane, la Fête

gements, et il s'était rapproché de la théorie qu'il avait émise d'un escalier indépendant pour chaque étage.

Il avait été en avance sur l'époque en prévoyant des dispositions remarquables pour la manutention des décors, et ce théâtre avait été, à ce point de vue, un théâtre modèle.

Le grand plafond de la salle était porté sur une série d'arcades dont l'effet était harmonieux, il comprenait trois étages et treize cents places.

Les peintures du foyer et de la coupole étaient de M. Émile Bin.

La dernière représentation fut donnée le 14 juillet 1914, et, sur un des murs une affiche est restée, qui annonçait cette représentation gratuite.

Le théâtre de Soissons, qui présentait cette particularité d'être bâti en face de la prison, était une construction sans caractère. Mais que de tournées y ont passé, qui commençaient traditionnellement par s'arrêter dans cette ville !

Il n'est guère de maison qui soit restée indemne, à Soissons, et le théâtre a beaucoup souffert. Il se trouve dans la partie de la malheureuse cité la plus proche des lignes ennemies.

P. G.

Les Théâtres de prisonniers

Malgré toutes les misères qu'ils subissaient, les prisonniers français en Allemagne, en 1871, organisèrent des représentations théâtrales, notamment à Wittemberg, à Magdeburg, à Spandau.

Le *Berliner Tageblatt* conte que la bonne humeur des prisonniers de la guerre actuelle a triomphé encore des pires épreuves.

Ceux du camp de Doberitz ont, en dépit de toutes les rigueurs dont il sont l'objet, créé un théâtre, qui fut marqué par la représentation de *Boubouroche* et de *Son Poteau*.

Combien émouvante est cette volonté de garder, dans ce douloureux exil, une gaîté qui est de la force d'âme !

Made in Germany — Made in France

Ce sera un nouveau petit jeu de société entre amateurs de musique :

Que préférez-vous (ou que repoussez-vous de préférence) : Une pièce boche dont la musique est d'un Français, ou une pièce française dont la musique est d'un Boche ?

Dernièrement, une de nos grandes scènes de province voulait jouer *Les Huguenots*, pièce française, archi-française, écrite exprès pour la France... Vite, on a protesté que Meyerbeer était Prussien. — Soit ! Alors on a voulu jouer *Faust*, musique de tout repos, œuvre de notre cher Gounod.... Vite, on a protesté que c'est une pièce boche, archi-boche, où l'on chante à tue tête « la gloire immortelle » des Boches !

Et le fait est que c'est vrai. Comment nier que cette impressionabilité, affectée en ce moment par tant de gens, serait plus justifiable avec *Faust* qu'avec *Parsifal*, par exemple, tellement hors des temps et des races, et dont l'origine est d'ailleurs française ?

Voilà où mène la manie d'assimiler les œuvres d'art en général, et les partitions de musique en particulier, à un objet industriel sur léquel on a collé l'étiquette *made in Germany..., made in France* !...

Le Théâtre « allemand » de Lille

L'inauguration du théâtre allemand à Lille vient de remplir d'orgueil et de joie les inaugurateurs; quant à la population française, elle s'est abstenue avec une parfaite unanimité d'assister à cette fête étrangère. La construction du théâtre de Lille était en voie d'achèvement quand la guerre éclata; les Allemands continuèrent les travaux et inscrivirent au fronton du bâtiment nouveau, situé près de la Grand'Place, « Deutsches Theater », ce qui signifie : « La maison est à nous ». Espérons qu'avant peu on les en fera sortir.

L'ornementation dénotait chez les organisateurs plus de patriotisme que de goût artistique : des vues de Berlin et de Munich aux murs; des portraits de Guillaume II et du roi de Bavière, grandeur nature, suspendus aux branches d'un « kolossal » arbre de Noël, c'était assez pour charmer les nobles occupants de la loge présidentielle (agrémentée d'une couronne surérogatoire et momentanée) : le kronprinz de Bavière, le gouverneur de Lille et quelques officiers d'état-major qui s'efforçaient d'être décoratifs.

Une troupe de Hanovre joue l'*Iphigénie* de Goethe. Le public « feldgrau » dormait avec simplicité.

L'orchestre joue les Festklange de Liszt, comme morceau d'ouverture, musique brillante et diffuse, fatigante à entendre en dépit de réelles ingéniosités orchestrales.

Le topo inaugural a véhémentement rasé le public de soldats en uniforme « feldgrau » dont on avait rempli la salle; l'auteur, M Rudolf Presber, dans ses bouffonneries caricaturales « à la manière de » Maeterlinck et d'Oscar Wilde, m'a toujours paru morne à pleurer; en revanche, l'emphase de son à-propos solennel prêtait à rire. Système des compensations!

Pendant un entr'acte, le prince Ruppert expliquait doctoralement que cette manifestation de la Kultur germanique prouvait, une fois de plus, que « die Geschichte der Hunnen im Reich der Verleumdung gehœrt », que la barbarie allemande était du domaine de la légende, etc , etc. Il développait ce thème à grand renfort de phrases toutes faites avec une prolixité banale, j'oserai même dire fâcheusement rondouillarde,

Il est vrai qu'à deux kilomètres de là l'artillerie alliée faisait rage et que, si près des incendies allumés par le canon ennemi, on est excusable de recourir au style « pompier ».

Henri GAUTHIER-VILLARS.

La première réouverture

Paris n'a été absolument sans théâtres que pendant de brèves périodes, en 1914.

Voici, à ce sujet, des notes intéressantes par leur minutieuse exactitude, que nous communique M. H. Dumont.

Pendant quelques jours, le « Petit Casino » représenta seul l'activité théâtrale.

Dès le 23 août, cet établissement, d'accord avec le syndicat des artistes lyriques et la société de secours mutuel, décidait, pour parer au chômage, la réouverture, à laquelle la préfecture de police ne fit aucune opposition sérieuse. Il fut seulement convenu que les bénéfices réalisés chaque jour seraient partagés par moitié entre les deux groupements et le Secours national.

La tentative était osée : les Allemands avaient traversé la Belgique, marchaient sur Paris et le gouvernement s'installait à Bordeaux.

On doit à la vérité de constater que les résultats ne furent pas très brillants : les recettes, assez belles au début, oscillèrent bientôt entre 3 et 400 francs par jour, déduction à faire des salaires du personnel, dont le minimum se trouvait garanti par la direction.

L'autorisation préfectorale, accordée par M. Hennion, pour une quinzaine, et renouvelable, était spontanément prorogée pour une année, en raison de la bonne tenue de l'établissement, où les programmes, soigneusement expurgés — il n'y avait pas encore de censure officielle — laissaient une large part aux œuvres patriotiques.

Le 3 septembre, les recettes baissant toujours, le Petit Casino fermait ses portes pour ne plus les rouvrir que le 3 octobre — dans des conditions régulières et normales, sans aucune nouvelle interruption.

En octobre 1914 : On ne comptait à Paris que sept établissements ayant bénéficié de l'autorisation préfectorale :

Le Petit Casino.

Concordia, faubourg Saint-Martin, 8.

Le Nouveau Casino (ancien casino de Montmartre), boulevard de Clichy.

Et quatre cinémas.

Le nouveau préfet de police, M. Laurent, ne pouvait révoquer les autorisations accordées par son prédécesseur, mais longtemps il refusa aux autres directeurs la mesure bienveillante qu'ils réclamaient en leur faveur.

Le Théâtre vécu

Une soirée dramatique qui mérite une mention spéciale est celle qui fut donnée le 21 février 1915, sous la présidence d'honneur de notre collaborateur Albert Soubies, dans la ville de Beaumont-de-Lomagne qu'il représente depuis dix-huit ans au Conseil général de Tarn-et-Garonne. La pièce — inédite — jouée ce soir-là, offrait en effet cette particularité d'avoir exclusivement des blessés et des malades convalescents pour auteur et pour interprêtes. Ces derniers jouaient donc des scènes qu'ils avaient réellement vécues, c'est le cas de le dire, car sous le titre de *Dans la tranchée*, notre confrère Beverazzi avait rappelé, avec beaucoup d'humour et de tact, quelques-uns des épisodes tour à tour émouvants et comiques, de l'existence de nos vaillants soldats. Cet essai théâtral était le premier, en ce genre, qui eût été fait; le succès en fut très vif et eut plusieurs lendemains.

C.

Le vrai Lohengrin

On a souvent souligné le ridicule de certaines prétentions d'« artiste » du Kaiser, se plaisant à incarner Lohengrin ou Siegfried, comme un héros national et symbolique dont il est fier.

Mais ce n'est pas seulement ce cabotinage, familier chez lui, à l'instar de Néron, qui rend le rapprochement bouffon; et nous serions injustes pour les héros Wagnériens, — si peu *nationaux* en réalité, — en ne signalant pas ce que cette incarnation a d'essentiellement illégitime et usurpé.

Pour Siegfried, déjà, l'évocation est cynique. Siegfried — adaptation Germaine du Scandinave Sigurd — est la loyauté incarnée; et son mépris de l'or, et de la trahison, sont la cause même du « crépuscule », c'est-à dire de la ruine de ces étranges dieux, dont la puissance est établie sur le vol et le parjure.

Mais pour Lohengrin, c'est plus amusant encore! Car il n'est pas de plus authentique *Français* que le chevalier au cygne. N'est-il pas fils de Parsifal? Eh bien, Parsifal est Angevin par son père Gamuret, prince d'Anjou, et Gallois par sa mère Herzeleïde, princesse de Galles!... De plus, — voyez comme la légende, chez Wagner, a des côtés prophétiques! — lorsqu'il débarque à Anvers, pour sauver Elsa, princesse de Brabant, des calomnies d'abord, puis des flatteries insidieuses d'Ortrude, la princesse païenne, dont les pires trahisons se recommandent des « vieux dieux », Wotan et Freïa, c'est de France que vient directement le chevalier du Graal. C'est à la délivrance de la Belgique qu'accourt ce fils de France et d'Angleterre!

Le Kaiser sanglant et hypocrite peut, s'il le veut, revêtir l'armure de Lohengrin : c'est l'épée de Lohengrin, « par Dieu conduite », qui le frappera à mort.

Henri DE CURZON.

Le Théâtre au Jour le Jour

(Novembre 1914-Février 1916)

Cette fois-ci, le relevé documentaire que nous faisons, dans chacun de nos numéros, de toutes les manifestations théâtrales de Paris et de quelques autres à l'occasion, ne saurait, semble-t-il, se passer d'une sorte d'introduction. Ce n'est pas du jour au lendemain que les théâtres ont repris, avec la sécurité relative de la capitale, le cours à peu près normal de leurs représentations, tel que nous le voyons établi en ce moment. Tant s'en faut. La première autorisation qu'ils ont reçue, dans ce sens, a même été accueillie par un refus.

On s'en souvient encore. C'était à la fin de novembre 1914. Les premiers mois, après comme avant la victoire de la Marne, s'étaient passés au milieu de cette espèce de gravité de tenue, de fermeté sereine, de sang-froid silencieux et patient qui restera légendaire dans l'histoire de Paris. Parmi les artistes dramatiques et lyriques disponibles, les uns s'empressaient aux hôpitaux et aux ambulances, pour distraire les blessés, les infirmes; les autres ne craignaient pas de se grouper par cinq, six, et plus, instrumentistes et chanteurs, pour aller dans les cours et sur les places. Et leur courage était récompensé, car les recettes de ces petits concerts, souvent excellents, dépassaient notablement celles qu'ils auraient pu faire, et qu'ils firent en effet, plus tard, sur de vraies scènes.

Le 23 novembre, le préfet de police autorisa donc cette réouverture, qui semblait nécessaire, plus encore pour le monde des interprètes, si cruellement atteint par ce chômage subit, que pour celui des spectateurs, un peu déshabitué maintenant. Mais elle était entourée de tant de précautions, exigeait tant d'autorisations spéciales, grevait l'entreprise de tant de droits charitables, la subordonnait à tant de mesures de police, que l'Association des directeurs se refusa d'abord à entrer dans une pareille voie. Les frais de loyer, la rareté des communications dans Paris, l'indisponibilité de nombre d'artistes, la fermeture forcée à onze heures du soir. ..

autant de difficultés qui paraissaient insurmontables et dont il faut bien dire, qu'en dépit de l'accoutumance, tous les théâtres souffrent encore aujourd'hui.

L'Association n'en reconnaissait pas moins la nécessité d'une solution, mais l'appréciait ainsi :

« L'Association des directeurs de Paris, désireuse de venir en aide dans la plus large mesure possible à tous les membres de la famille théâtrale qui souffrent de la présente situation, a décidé de ne pas limiter son effort à « l'Œuvre de l'Aide aux artistes et au personnel des théâtres », créée par elle, au Jardin de Paris, et qui a distribué depuis le début de la guerre, plus de quarante mille repas à plus de quatre cents personnes.

« Les directeurs présents à Paris réunis en assemblée ont tenté de décider l'organisation de représentations et de concerts de bienfaisance si, comme ils sont en droit de l'espérer, l'État et la Ville de Paris consentent à mettre à la disposition de l'Association une ou plusieurs salles exemptes de loyer et des autres charges pouvant être évitées.

« Toutes les ressources produites par ces représentations serviraient à secourir les artistes, le personnel des théâtres, les blessés militaires et les pauvres de Paris.

« Pour réaliser l'organisation compliquée et délicate de ces représentations, l'Association a choisi parmi les membres présents à la réunion, un comité composé de MM. Jacques Rouché, Émile et Vincent Isola, Alphonse Franck, Abel Tarride et Gabriel Astruc. »

Ne pouvait-on faire mieux encore, et, coûte que coûte, tenter la chance des représentations normales ? L'Amicale des directeurs de concerts et music-halls protesta aussitôt que l'Association en prenait trop à son aise. Il faut, déclara-t-elle avec vivacité, « que le public sache que la majorité des directeurs de Paris a sollicité la réouverture des établissements, pour nourrir 20,000 artistes, qui ne pouvaient gagner leur vie, et qui souffraient dans leur dignité, d'aller mendier des soupes dans les œuvres des secours, jardins de Paris et autres, alors qu'ils pouvaient gagner leur vie en travaillant ».

Aussi ne tarda-t-on guère, un peu partout, à profiter de l'autorisation des pouvoirs publics : soit avec des séances mêlées de musique et de récitation, soit avec des concerts symphoniques, soit enfin avec de vraies représentations, laissant place à des intermèdes patriotiques ou à la *Marseillaise*.

En somme, durant le cours de la saison 1914-1915, peu à peu, tous les théâtres de Paris ont rouvert, sauf deux : l'Opéra, dont les frais sont absolument hors de proportion avec les « prix de guerre » nécessaires en ce moment, et les Variétés, dont le directeur, Fernand Samuel, est mort dès le 21 décembre.

Les premières réouvertures eurent lieu le samedi 28 novembre et le dimanche 29. La jolie salle Villiers se constitua théâtre sous le titre de Théâtre Albert Ier, en l'honneur du vaillant roi des Belges, et débuta par un spectacle de cinéma, concert et sketch, en attendant d'offrir sa scène à une troupe belge ; tandis qu'une autre troupe belge cherchait fortune, dès le 29, au Château-d'Eau momentanément devenu « Théâtre Belge ». Le Nouveau-Théâtre, de la rue Fontaine, rouvrit le même soir du 28, avec un concert et la vieille comédie de Lambert-Thiboust : *l'Homme n'est pas parfait*. Puis c'était, le lendemain 29, à la Sorbonne, la première manifestation en quelque sorte officielle, avec les *Matinées nationales* hebdomadaires, de concert et de déclamation, auxquelles participèrent les plus grands artistes de Paris et l'orchestre de la Société des concerts du Conservatoire, sous la direction de M. André Messager, et dont le succès, très vif, se poursuit en ce moment encore, en une seconde saison.

Je n'ai pas à parler des music-halls, qui rouvrirent de leur côté, dès qu'ils purent : Le Moulin-Rouge tout d'abord.

Cependant nos deux premières scènes, la Comédie-Française et l'Opéra-Comique, avaient annoncé, à leur tour, leur réouverture, qui eut lieu le dimanche suivant, 6 décembre. Ce ne fut encore, et pour quelque temps, que des matinées, à certains jours de la semaine, mais avec des programmes particulièrement expressifs. La Comédie-Française joua successivement *Horace*, *le Cid*, *Andromaque*, *Polyeucte*..., reprit *la Fille de Roland*, *l'Ami Fritz*.... tout en y joignant des intermèdes émouvants ou exquis. L'Opéra-Comique fit entendre *la Fille du régiment*, *la Vivandière*, *Carmen*, *Manon*. ., en y joignant *le Chant du départ*, dans une mise en scène très heureuse, et surtout *la Marseillaise*, qui depuis termina tous les spectacles.

Notons tout de suite que cette dernière scène, dès lors, n'a plus fermé : pour la première fois, l'Opéra-Comique, assumant en quelque sorte la tâche que l'Opéra renonçait à entreprendre, est resté ouvert toute l'année..., et s'en est d'ailleurs fort bien trouvé.

D'autre part, cette même date du 6 décembre marque la reprise des concerts symphoniques : les deux associations Colonne et Lamoureux unirent leurs ressources, respectivement diminuées, pour donner, dans la salle Gaveau, des concerts que leurs chefs, MM. Gabriel Pierné et Camille Chevillard, dirigeaient alternativement. — On en donna, dès lors, un peu partout, avec et sans orchestre, classiques ou modernes, dans toutes les salles disponibles, et plus souvent au profit d'œuvres de secours que pour un bénéfice certain. De même que la plupart des artistes de Paris tinrent à honneur de participer de leur talent aux séances charitables qui s'organisèrent et s'organisent encore d'une façon constante.

Revenons aux théâtres, qui, plus spécialement, nous intéressent ici. On en suivra plus loin les programmes. Successivement rouvrirent leurs portes : Le Théâtre Lyrique de la Gaîté, le 19 décembre; Trianon-Lyrique, le 20 (les artistes en société); la Comédie-Royale et les Folies-Bergère, le 23; le Châtelet, le 24.... Beaucoup plus tard, vinrent le Théâtre Réjane, le 30 janvier; la Porte Saint-Martin, le 18 février; le Théâtre Antoine, la Renaissance, le Grand-Guignol, le 20; l'Odéon, le 3 mars; l'Ambigu, le 30; le Théâtre Sarah Bernhardt, le 1er avril;

le Vaudeville, le 3 ; les Bouffes, le 8 ; le Gymnase, le 20 ; le Palais-Royal, le 24, etc.

Peu de nouveautés, bien entendu, mais caractéristiques ; quelques reprises, réclamées en quelque sorte, et un répertoire spécialement choisi, parurent ainsi sur les programmes.

Telles, pour n'en citer que quelques-unes, les reprises de *la Fauvette du temple*, (Gaîté), *Michel Strogoff*, puis *la petite Caporale* (Châtelet), *Alsace* (Réjane), *les Amoureux de Catherine* (Opéra-Comique), *Patrie ! Fais ce que dois, Pour la couronne !* (Comédie-Française), *l'Aiglon* (Sarah Bernhardt), *Marceau* (Ambigu), *l'Aigle* (Vaudeville), *l'Offrande à la liberté*, de Gossec, reconstituée par les artistes de l'Opéra (Trocadéro).... On a regretté de ne pas revoir également, sur quelque scène, *Servir !* cette page superbe d'émotion et d'énergie concentrée, ce noble élan de sacrifice et de foi, où vibre toute l'âme ardente de M. Henri Lavedan ; œuvre d'un patriotisme si indépendant, si hautain, qu'elle pourrait être représentée dans n'importe quelle langue et sous n'importe quel uniforme sans rien perdre de sa portée.

Telles, les revues, où se donnèrent carrière, à qui mieux mieux, les allusions émouvantes ou railleuses aux événements actuels : *Paris quand même !* puis *En avant ! Hardi les poilus ! Sous les drapeaux* (Folies-Bergère) ; *la Légende des petits soldats de bois*, puis *la Revue tricolore* (Moulin-Rouge) ; *Halte-là !* (Cigale) ; *les Huns et les autres* (Antoine) ; *le Crépuscule des Boches* (Albert Ier) ; *la nouvelle Revue Anti-Boche* (Vaudeville) ; *Qui va là ? Ça marche !* (Olympia), et surtout *1915*, la Revue de Rip, qui permit au Palais-Royal de ne pas fermer de tout l'été. C'est là que M. Valbert mettait en valeur avec tant d'élan et d'esprit la chanson dès lors célèbre : *On les aura !*

Telles, enfin, parmi les nouveautés : *Mam'zelle Boy-Scout*, une pimpante opérette de Goublier fils, à la Renaissance ; *la Kommandantur*, de Fonson, au Gymnase, pièce qui pouvait être pénible, mais qui était vraie, émouvante, et à laquelle on n'a pas rendu justice ; *Colette Baudoche*, de Frondaie, d'après le roman de Barrès, à la Comédie-Française, œuvre forcément trop sommaire, mais adroite, et dont M. de Féraudy a su faire accepter le rôle principal à force de tact, entre les figures si vraies, si pénétrantes de Mme Pierson et de Mlle Leconte ; *la Première de la Marseillaise*, de Clerc, à l'Odéon ; *l'Impromptu du paquetage*, de Donnay, un peu partout... ; *Vieux Thann*, de L. d'Hée, au Vaudeville ; surtout *la Vierge de Lutèce*, d'Auguste Villeroy, au Théâtre Sarah Bernhard, poème d'une couleur historique sans vaine recherche, d'une émotion simple et d'autant plus éloquente, et qui, en portant à la scène la première ruée des Barbares sur Paris, et la rencontre de sainte Geneviève et d'Attila, offrit au public, mieux que toute autre œuvre aux allusions plus transparentes, à l'ambiance plus actuelle, tout juste ce qui pouvait le toucher davantage : elle était d'ailleurs incarnée avec une pureté et une noblesse incomparables par Mme Blanche Dufrêne.

*
* *

Bien que quelques théâtres n'aient jamais fermé leurs portes, et que d'ailleurs on ne puisse guère parler de « saison » théâtrale en ce moment, il y a eu une seconde période d'activité, sur nos scènes parisiennes, depuis l'automne dernier. Et il convient d'autant mieux de la signaler à son tour qu'elle est marquée, tout en n'oubliant pas la gravité des soucis nationaux, d'une défense plus sérieuse et plus raisonnée des causes de l'art et des lettres [1]. Des reprises particulièrement soignées de quelques-uns de nos chefs-d'œuvre classiques défendent l'honneur de nos premières scènes, où d'ailleurs divers drames ou comédies plus modernes, hautement

---

1. On voudrait pouvoir ajouter que toute facilité a été donnée à ces entreprises de diverses sortes, destinées surtout à faire vivre tant d'artistes ruinés par la guerre. Il n'en a pas toujours été ainsi, et, certain jour, M. Paul Gavault devait écrire la lettre suivante, qui résume si justement quelques-uns des griefs soulevés par l'inique « droit des pauvres » :

Mon cher confrère,

La lettre que vous avez reçue d'un de vos lecteurs, et que j'ai lue avec intérêt, prouve une fois de plus combien il est facile à l'esprit le plus judicieux de tomber dans l'erreur, s'agissant de quelques-uns des multiples problèmes que soulève le théâtre.

Votre lecteur déclare qu'à son avis c'est le public qui paye le droit des pauvres, le rôle des directeurs se bornant à recevoir d'une main et de restituer de l'autre à l'Assistance publique le pourcentage charitable. Et, d'apparence, votre lecteur a raison. Mais, en fait, il a tout à fait tort : ce sont bien les directeurs — et les auteurs dramatiques qui ont, bien entendu, partie liée avec eux — qui supportent cet impôt.

Veuillez réfléchir, en effet, que les directeurs de théâtres, lorsqu'ils établissent les prix de leurs places d'accord avec la Société des Auteurs, doivent tenir compte de la majoration forcée que ceux-ci subissent *de par la loi*, afin de faire verser au public une somme totale qui n'excède pas ses moyens et ne l'éloigne pas du théâtre.

Si vous voulez rendre cette vérité évidente, supposez que demain le droit des pauvres soit supprimé. Il pourrait se produire alors deux alternatives : ou les directeurs maintiendraient les tarifs actuels et augmenteraient leur bénéfice de 10 %, ou ils les abaisseraient de 10 % et, offrant aux spectateurs le même plaisir pour une somme moindre, ils augmenteraient leur clientèle.

Le théâtre est un plaisir, une distraction, un luxe parfois très noble et parfois un peu bas, il n'importe. Le droit des pauvres pèse légitimement sur son exploitation. Ce qui est inique, ce qui est scandaleux, je ne crains pas de le dire, c'est que ce droit des pauvres ne soit pas étendu aux autres plaisirs, aux autres distractions, aux autres luxes dont les exploitants font plus volontiers et plus vite fortune que les directeurs de théâtres et les auteurs dramatiques.

J'ai l'esprit ainsi fait, que je me révolte à la pensée que le client d'un grand restaurant offrant à ses amis un repas à cinquante francs par tête, que la belle dame qui paie chez son couturier une robe de quinze cents francs, que l'encore plus belle dame qui reçoit de son ami un collier de perles de deux cent cinquante mille francs, puissent donner satisfaction à leur goût de dépense et enrichir les commerçants de luxe sans que les pauvres y trouvent aucune part.

Et vraiment, lorsque je vois un ménage d'ouvriers tirer du fond de son boursicot les vingt sous qu'il faut pour assister à la représentation d'une belle comédie, je me dis qu'il y a bien quelque pharisaïsme à faire acquitter le droit des pauvres à ces pauvres et, sous prétexte de charité, à rendre plus dispendieux le bonheur des humbles.

Croyez, etc.

Paul GAVAULT.

pensés, sont remis en valeur. L'Opéra rouvre ses portes, en matinées du jeudi et du dimanche, au profit d'une revue de son répertoire, par actes isolés (c'est tout ce que sa pénurie de machinistes lui permet de faire), et monte de curieuses reconstitutions de concerts, de chants et de danses, soit à la Cour de Louis XIV, soit dans nos salons romantiques, en costumes, dans un décor authentique et une véritable action mimique, qui apparaissent comme une évocation artistique du goût le plus harmonieux. Les grands concerts, de leur côté, étendent leurs programmes et ne craignent plus la nationalité suspecte des chefs-d'œuvres de la musique, qui seuls, en réalité, attirent le public....

Les nouveautés restent marquées de la note nationale et patriotique qui convient au temps. Les revues succèdent aux revues, poursuivent en quelque sorte la chronique anecdotique des esprits pendant la guerre. C'est la *nouvelle Revue de Rip*, au Théâtre Antoine, pour faire suite à *1915* ; c'est, au Gymnase, *A la française !* ; au Palais-Royal, *Il faut l'avoir* (jeu de mots facile sur le refrain *Nous les aurons !*) ; à l'Athénée, *l'École des civils*.... De gaies comédies s'évoquent en marge des angoisses du front : *La Caporale Mimi-Pinson*, au Théâtre Moncey ; *les Fiancés de Rosalie*, à Déjazet (Rosalie, vous entendez bien que c'est la baïonnette nationale qui est ainsi évoquée) ; *la Cocarde de Mimi-Pinson*, à l'Apollo, une gentille idylle pour la musique facile de M. Goublier fils ; *les Exploits d'une petite Française*, au Châtelet, livre d'images pour petits et grands enfants, d'images aux vives et émouvantes couleurs....

Un peu à part, on notera encore : *Kit*, ou « l'homme qui est resté dans ses foyers », succès légendaire en Angleterre, transporté sur la scène des Bouffes par M. Max Dearly, qui y est exquis d'humour fantaisiste et de sentiment délicat. C'est l'espionnage allemand mis en scène dans toute son horreur, à l'abri d'une maison de famille de la côte anglaise, et sa défaite, pris à son propre piège, grâce à l'habileté d'un officier anglais, qui masque son jeu sous un désœuvrement supposé, une frivolité ingénieuse et une idylle d'amour réelle. Et encore ici, l'œuvrette aura été le plus durable succès de cette période.

Enfin, dans un ordre plus élevé, on louera la belle vision imaginée par M. Eugène Morand : *Les Cathédrales*, et pour laquelle Mme Sarah Bernhardt a reparu, nimbée de gloire, sur son théâtre ; le gracieux et émouvant épisode des *Cadeaux de Noël*, à l'Opéra-Comique, où M. Fabre a mis en scène la misère et le courage des pays envahis, et dont M. Xavier Leroux a rendu, avec son adresse coutumière, la grâce et la fierté jeune ; l'attachant drame intime *Fils d'Alsace*, où revit notre Alsace reconquise, dans une note à la fois vibrante et douce, écho d'une pensée élevée et sincère, évoquée par le poète breton M. Bouteloup, rendue musicalement par le compositeur belge M. Lempers, et qui a fait le plus grand honneur à la modeste petite scène du Trianon-Lyrique.

HENRI DE CURZON.

1914

NOVEMBRE

9. — École des Hautes Études sociales : Représentation (sans costumes) de *les Horaces*, de Lope de Vega, version française de Camille Le Senne et Guillot de Saix.

Mort, à Paris, de J.-B. Faure, ancien pensionnaire de l'Opéra, né à Moulins en 1830.

28. — Réouverture de la Salle Villiers sous le titre de Théatre Albert Ier. Il débute par un spectacle de cinéma, concert et sketch.

Nouveau-Théatre (rue Fontaine) : Réouverture avec concert et comédie : *l'Homme n'est pas parfait*, de Lambert-Thiboust.

29. — Sorbonne (grand amphithéâtre) : Première « Matinée nationale » hebdomadaire, de concert et récitation, avec le concours des orchestres Colonne et Lamoureux, sous la direction de M. C. Chevillard.

Chateau-d'eau : Réouverture pour des représentations données par des artistes belges réfugiés.

DÉCEMBRE

6. — Sorbonne : Seconde des « Matinées nationales », avec le concours de l'orchestre de la Société des concerts (du Conservatoire), qui leur restera désormais attitré, sous la direction de M. A. Messager.

Comédie-Française : Réouverture pour matinées du dimanche et du lundi : *Horace*, la Marseillaise, avec poésies et récits.

Opéra-Comique : Réouverture pour matinées aux mêmes jours : *La Fille du régiment*, le Chant du départ, le Ballet des Nations (de P. Vidal), et la Marseillaise.

Salle Gaveau : Premier des concerts dominicaux donnés par les associations Colonne et Lamoureux réunies, sous la direction alternée de MM. G. Pierné et C. Chevillard.

11. — Nouveau-Théatre : *Rosalie*, de Maurey.

13. — Opéra-Comique : Reprise de *la Vivandière* (de Godard), le Chant du départ.

Comédie-Française : *Le Cid*, la Marseillaise.

13. — THÉATRE ALBERT Ier : Première représentation, à Paris, de *Ce Bon Monsieur Zoetebeck*, comédie belge en 3 actes, de Vanroy et Béjart.

13. — ÉCOLES DES HAUTES ÉTUDES SOCIALES : Représentation de *Roncevaux*, de Lope de Vega, version française de C. Le Senne et Guillot de Saix.

18. — MOULIN ROUGE : Première représentation de *un Mariage à la vapeur*, vaudeville, de Kéroul et Barré.

19. — THÉATRE-LYRIQUE (Gaîté) : Réouverture, avec *la Fauvette du Temple*, de Messager.

20. — COMÉDIE-FRANÇAISE : Anniversaire de Racine : *Andromaque, les Plaideurs.*

TRIANON-LYRIQUE : Réouverture (les artistes en société), avec *le Petit Duc*, de Lecoq, en matinée, et *les Dragons de Villars*, de Maillart, en soirée. On chante, à l'issue de chaque représentation, les quatre hymnes nationanx des Alliés.

Mort, à Paris, de M. Augé de Lassus, auteur dramatique, à l'âge de 68 ans.

21. — Mort, au Cap d'Ail, de Fernand Samuel, directeur des Variétés. Obsèques, à Paris, le 30.

NOUVEAU-THÉATRE : *Le Divorce de Mlle Beulemans* (troupe belge).

23. — COMÉDIE-ROYALE : Réouverture : Première représentation de *le Coup de l'Étrier*, comédie de mœurs belges en 1 acte, de J. Bonot; *Tout de même*, 1 acte, de H. Sébille, musique de E. Bonnamy; *le Faux pas*, 1 acte de J. Rambaud.

FOLIES-BERGÈRE : Réouverture : Première représentation de *Paris quand même*, revue, de MM. de Marsan et Taraut.

24. — CHATELET : Réouverture : *Michel Strogoff*, de J. Verne et d'Ennery.

MOULIN-ROUGE : Première représentation de *la Légende des petits soldats de bois*, miracle à grand spectacle, de M. Landay.

25. — COMÉDIE-FRANÇAISE : Reprise de *la Fille de Roland*, le Chant du départ.

THÉATRE DE BELLEVILLE : Première représention de *Guignol s'en va-t-en guerre*, bochade en 3 tableaux, de H Blondeau et V. Buteaux (pour les enfants de la Soupe populaire).

26. — COMÉDIE-FRANÇAISE : *Gringoire, la Joie fait peur, le Jeu de l'amour et du hasard.*

27. — OPÉRA-COMIQUE : *Carmen.*

Mort, à Avignon, de Jeanne Thibaut (Mme Tauffenberger), ancienne pensionnaire des Bouffes, etc., née en 1865.

29. — TRIANON-LYRIQUE : *Les P'tites Michu.*

31. — COMÉDIE-FRANÇAISE : *L'Ami Fritz* et première représentation de *les Fiançailles de l'Ami Fritz,* scène alsacienne arrangée par Truffier et H. Maréchal.

TRIANON-LYRIQUE : *Véronique.*

1915

JANVIER

1. — TRIANON-LYRIQUE : *La Fille du régiment.*

COMÉDIE-FRANÇAISE : *Le Barbier de Séville.*

2. — COMÉDIE-FRANÇAISE : *Polyeucte.*

7. — MOULIN-ROUGE : Reprise de *le Petit Babouin,* de Mycho.

OPÉRA-COMIQUE : *Manon.*

THÉATRE-LYRIQUE (Gaîté) : *Les Cloches de Corneville.*

14. — COMÉDIE-FRANÇAISE : Anniversaire de Molière ; *Tartuffe, A la gloire de Molière* (Th. de Banville), *la Comtesse d'Escarbagnas, Psyché* (fragment), *Amphytrion* (fragment), *les Précieuses ridicules* (fragment).

MOULIN-ROUGE : Reprise de *Gonzague,* de P. Veber.

13. — Mort de Gaston Armand de Caillavet, auteur dramatique, à l'âge de 44 ans.

16. — COMÉDIE-ROYALE : Premières représentations de *le Jeu de l'auto et du hasard,* 1 acte, de Bonot; *l'Aube de la revanche,* comédie dramatique d'actualité.

17. — TRIANON-LYRIQUE : Reprise de *Ordre de l'Empereur!* de Clérice.

18. — MOULIN DE LA CHANSON : Première représentation de *la Revue à Kar-pattes!* d'Entoven.

21. — TROCADÉRO : Exécution, en concert, de *Marie-Magdeleine,* de Massenet.

THÉATRE-LYRIQUE (Gaîté) : Reprise de *les Saltimbanques,* de Ganne.

22. — MOULIN-ROUGE : Reprise de *les Petites Sansonnet,* de Mauprey et Rivers.

27. — TRIANON-LYRIQUE : Reprises de *le Maître de chapelle,* de Paer, et *le Roi l'a dit,* de Delibes.

28. — THÉATRE-LYRIQUE (Gaîté) : Reprise de *Miss Hélyett*, d'Audran.

COMÉDIE-FRANÇAISE : *L'Aventurière*, *Il ne faut jurer de rien*.

30. — THÉATRE RÉJANE (réouverture) : Reprise d'*Alsace*, de G. Leroux et L. Camille.

OPÉRA-COMIQUE : Reprises de *Thérèse*, de Massenet, et de *les Amoureux de Catherine*, de Maréchal.

FÉVRIER

3. — TRIANON-LYRIQUE : Reprise de *la Mascotte*, d'Audran.

4. — THÉATRE LYRIQUE (Gaîté) : Reprise de *les Mousquetaires au couvent*, de Varney.

6. — MOULIN-ROUGE : Première représentation de *la Revue tricolore*, revue de Quinel et Moreau.

7. — COMÉDIE-FRANÇAISE : *Bérénice*, *Dépit amoureux*.

8. — THÉATRE DEPAS, rue Chaptal : Répétition de *le Crépuscule des Boches*, d'Ernest Depré (qui sera joué à Bordeaux).

9. — LONDRES : HIS MAJESTY'S THÉATRE : « Entente-Matinée ». — *The school of scandale*, de Sheridan; *A social success*, de Max Beerbohm; *Dépit amoureux*, de Molière; intermèdes par divers artistes de Paris, en délégation officielle. — Déjeûner offert par sir Herbert Tree : discours de celui-ci et de sir John Hare, doyen des artistes anglais; réponse de M. Albert Carré, au nom du ministre des Beaux-Arts.

13. — COMÉDIE-FRANÇAISE (Premier spectacle en soirée) : *Le Monde où l'on s'ennuie*, avec intermède, *Une soirée chez la duchesse de Réville*.

CHATELET : Reprise de *la Petite Caporale*, de Darlay et de Gorsse.

COMÉDIE-ROYALE : Premières représentations de *Du baume dans le cœur*, de Rumac et Eddy; *Dozulé*, de A. Picard ; *le Changement*, de Deligne; *Express Agency*, de Falk et Dumas.

14. — COMÉDIE-FRANÇAISE : Reprise de *Patrie!* de V. Sardou.

16. — TRIANON-LYRIQUE : Reprise de *le Cœur et la main*, de Lecocq.

TROCADÉRO (Matinée) : Séance donnée par les artistes de l'Opéra, avec l'orchestre : Scènes et airs de Gounod, Thomas, Verdi, Massenet, Rossini, Franck, d'Indy, Saint-Saëns, Reyer; danses de Rameau.

THÉATRE ALBERT Ier : Première représentation de *la Jeune mariée*, 3 actes, de P. Veber.

17. — CIGALE : Première représentation de *Halte là!....*, revue de Celval et Charley.

Mort, à Paris, d'Antony Mars, auteur dramatique.

18. — PORTE-SAINT-MARTIN (réouverture) : Reprise de *la Flambée*, de Kistemaeckers.

COMÉDIE-FRANÇAISE (Première matinée classique) : Première représentation de *Chevalerie*, chanson de geste mise en action par Joseph Bédier; poésies de Villon, Ronsard, etc.; *Dialogue des amoureux*, de Clément Marot; *la Vraie farce de Pathelin*, adaptation d'Ed. Fournier.

THÉATRE-LYRIQUE (Gaîté) : Reprise de *la Mascotte*, d'Audran.

19. — Mort au feu, dans la région de Suippes, de Jules Ecorcheville, président de la Société internationale de musique (section française), alors lieutenant d'infanterie.

20. — THÉATRE ANTOINE : Première représentation de *les Huns.... et les autres*, revue de L. Boyer et D. Bonnaud.

OPÉRA-COMIQUE : *Lakmé*.

RENAISSANCE (Réouverture) : Première représentation de *Détective Dog*, de Grandjean et Laroche.

GRAND-GUIGNOL (Réouverture) : *Une femme charmante*, de Mycho ; *Cent lignes émues*, de Forquet; *la Fugue de Mme Caramon; Bloom field and Co*, de Frapié et Fabri.

THÉATRE ALBERT Ier (Gala pour le roi des Belges) : *L'Intruse*, de Maeterlinck.

21. — COMÉDIE-FRANÇAISE : *Œdipe roi*.

OPÉRA-COMIQUE : *Mignon*.

23. — TRIANON-LYRIQUE : Reprise de *le Voyage en Chine*, de Bazin.

24. — OPÉRA-COMIQUE : Première représentation de *les Soldats de France*, intermède figuratif et lyrique.

FOLIES-BERGÈRE : Première représentation de *En avant!* revue de Marsan et Tarault.

27. — COMÉDIE-FRANÇAISE (Anniversaire de Victor Hugo) : *Ruy Blas* et le couronnement du buste de Victor Hugo.

Mort, à Rambouillet, de Louis Bénière, auteur dramatique.

Incendie d'une partie du théâtre du Moulin-Rouge.

MARS

1. — École des Hautes Études sociales : Représentation de *la Pucelle de France*, de Lope de Vega, adaptation française de C. Le Senne et Guillot de Saix.

2. — Renaissance : Reprise de *le Poussin*, de Guiraud.

3. — Odéon (réouverture) : Première matinée littéraire : Causerie de Léo Claretie ; poésies, hymnes nationaux.

4. — Comédie-Française (Matinées classiques) : Deuxième acte de *le Baron d'Albikrac*, de Thomas Corneille ; *l'Hôtel de Rambouillet*, reconstitution de M. J. Truffier, avec poésies et musique ; *Nicomède*, de Corneille.

Théatre-Lyrique (Gaîté) : Reprise de *le Grand Mogol*, d'Audran.

Odéon (Premier spectacle) : *Horace*, *Dépit amoureux*.

5. — Comédie-Française : *Gringoire*, *le Gendre de M. Poirier*.

6. — Odéon (Matinée) : Festival Massenet (Soirée) : Reprise de *la Closerie des Genêts*, de F. Soulié.

Grand-Guignol : Reprises de *Rosalie*, de Maurey ; *Monsieur Jean*, de Nanteuil ; *la Revenante*, de d'Aguzan ; *Mirette a ses raisons*, de Coolus.

Théatre Albert Ier : Première représentation de *le Crépuscule des Boches*, revue d'Ernest Depré.

7. — Odéon : Reprise de *la Vie de Bohème*, de Barrière et Murger.

10. — Comédie-Royale : Reprises de *le Homard*, de Gondinet ; *Une tasse de thé*, de Nuitter et Derley ; et *les Espérances*, de P. Bilhaud.

11. — Trocadéro (Second spectacle donné par les artistes de l'Opéra) : *Ma mère l'Oye*, ballet de Ravel ; second acte de *Faust*, de Gounod ; *Offrande à la liberté*, de Gossec (avec danses).

Théatre-Lyrique (Gaîté) : Reprise de *le Petit Duc*, de Lecocq.

13. — Odéon (Matinée) : Festival Bizet.

Mort, à Saint-Cloud, d'Auguste Joliet, doyen des pensionnaires de la Comédie-Française (où il avait débuté en 1872).

14. — Opéra-Comique ; Reprise de *Paillasse*. de Leoncavallo.

17. — Porte-Saint-Martin : Reprise de *les Oberlé*, de Haraucourt et Bazin.

18. — Trocadéro : Représentation de bienfaisance de *l'Arlésienne*, de Daudet, par la Comédie-Française et d'autres artistes.

OPÉRA-COMIQUE : Première représentation de *Scènes alsaciennes*, adaptées en ballet-pantomine sur la musique de Massenet, par Archaimbaud et Durier, et Mme Mariquita.

COMÉDIE-FRANÇAISE (Matinées classiques) : *Andromaque*, intermède de lectures, *l'École des maris*.

THÉATRE-LYRIQUE (Gaîté) : Reprise de *Miss Helyett*, d'Audran.

20. — COMÉDIE-FRANÇAISE (Soirée) : *Primerose*, de G. de Cailhavet et R. de Flers.

AMBIGU (réouverture) : Reprise de *le Courrier de Lyon*.

GRAND-GUIGNOL : Premières représentations de *la Suicidette*, 1 acte, de J. Gravier ; *Sol Hyams, brocanteur*, 2 actes, de J. Bernac ; *Hue, Cocotte!* 1 acte, de Nanteuil et Faverne.

THÉATRE ALBERT Ier : Première représentation de *Un virtuose*, 1 acte, de Vilned et Roix.

ODÉON (Matinée) : Festival Gounod.

21. — OPÉRA-COMIQUE : *Louise*, de G. Charpentier.

23. — TRIANON-LYRIQUE : Reprise de *Si j'étais roi!* d'Adam.

24. — ODÉON (Matinée anglaise) : Poésies et airs en anglais et en français.

25. — CHATELET : Reprise de *le Tour du monde en 80 jours*, de Jules Verne et Dennery.

THÉATRE-LYRIQUE (Gaîté) : Reprise de *la Poupée*, d'Audran.

OPÉRA-COMIQUE : *Les Noces de Jeannette*, de V. Massé.

27. — THÉATRE ALBERT Ier : Reprise de *la Souris*, de Pailleron.

PETIT JOURNAL : Inauguration du *Conservatoire gratuit*, fondé pour les réfugiés par M. Nuibo : Concert.

28. — Mort de Mlle Gabrielle Drunzer, du Vaudeville et du Gymnase, à l'âge de 42 ans.

COMÉDIE-FRANÇAISE : Reprise de *Fais ce que dois*, de Coppée ; *Un Caprice*, d'A. de Musset.

30. — MOULIN-ROUGE (momentanément au théâtre des Folies-Dramatiques) : Première représentation de *Miss Tipperary*, opérette de Quinel et Moreau.

AVRIL

1. — THÉATRE SARAH BERNHARDT (réouverture) : Reprise de *l'Aiglon*, de Rostand.

AMBIGU : Reprise de *Marceau ou les enfants de la République*, d'Anicet-Bourgeois et M. Masson.

PALAIS DE GLACE : *Le Christ*, drame sacré, de Grandmougin.

3. — RENAISSANCE : Première représentation de *Mam'zelle Boy-Scout*, opérette de P. Bonhomme, musique de G. Goublier.

GRAND-GUIGNOL : Première représentation de *Renseignements*, 1 acte, de Sauerwein; *la Porte close*, 2 actes, de Francheville; *le Chauffeur*, 1 acte de Maurey.

COMÉDIE-ROYALE : Première représentation de *Ça va! Ça va!* revue de R. Adam.

ODÉON : Pour la première fois depuis la création de l'œuvre (en 1873) : *Marie-Magdeleine*, de Massenet.

VAUDEVILLE : Reprise de *l'Aigle*, opéra héroïque, de Nougués.

4. — ODÉON : Reprise de *le Chapeau de paille d'Italie*, de Labiche et M. Michel, avec la musique.

5. — TROCADÉRO (Troisième matinée donnée par l'Opéra) : *Rigoletto*, *Coppélia*, *l'Offrande à la liberté* (Gossec).

6. — VAUDEVILLE : Reprise de *les Surprises du divorce*, de Bisson et Mars.

Mort, au feu, en Argonne, de Maurice Cazeneuve, de l'Opéra-Comique, engagé volontaire à l'âge de 53 ans.

8. — BOUFFES : Première représentation de *la Jalousie*. 3 actes, de Sacha Guitry; reprise de *le Bouquet*, de Meilhac et Halévy.

COMÉDIE-FRANÇAISE (Matinées classiques) : Reprise de *Zaïre*, intermède, et *le Jeu de l'amour et du hasard*.

9. — THÉATRE ALBERT Ier (Représentation de bienfaisance) : Première représentation de *Classe 1916*, revue de Ritz et Albert Roulhac.

10. — FOLIES-BERGÈRE : Première représentation de *Hardi, les poilus!* revue de V. de Cottens.

ODÉON : Festival Berlioz : *La Damnation de Faust*.

OPÉRA-COMIQUE : Reprise de *le Jongleur de Notre Dame*, de Massenet.

15. — PORTE-SAINT-MARTIN : Reprise de *le Maître de forges*, d'Ohnet.

THÉATRE ANTOINE (Matinée de bienfaisance) : Première représentation de *Une nuit de Rouget de Lisle*, de Ch. Esquier.

THÉATRE-LYRIQUE (Gaîté) : Reprise de *Rip*, de Planquette.

20. — GYMNASE (Matinées de la Femme française) : Première représentation de *la Prière dans la nuit*, 1 acte, de Nozière.

Mort de M. de Martini, professeur de chant au Conservatoire, né à Marseille en 1856.

21. — Comédie-Royale : Reprise de *Durand et Durand*, d'Ordonneau et Valabrègue.

22. — Théatre-Lyrique (Gaîté) : Reprise de *Joséphine vendue par ses sœurs*, de V. Roger.

Comédie-Française (Matinées classiques) : *Le Mariage de Figaro*; intermède de poésie et de danse.

23. — Vaudeville : Reprise de *la Famille Pontbiquet*, de Bisson.

24. — Palais-Rayol : Première représentation de *1915*, revue, de Rip.

Trianon-Lyrique : Reprise de *Gillette de Narbonne*, d'Audran.

Comédie-Française (Matinée de bienfaisance) : *Chevalerie*, de J. Bédier; *le Départ du mousquetaire*, divertissement, de G. Berr, musique de Rameau, réglé par Mme Mariquita; le Chant du départ, de J. Chénier et Méhul; *le Brancardier*, de M. de Féraudy ; Intermèdes.

Ambigu : Reprise de *le Train de plaisir*, de Hennequin, Mortier et Saint-Albin.

25. — Odéon : Reprise de *Henri III et sa Cour*, d'Al. Dumas.

26. — École des Hautes Études sociales : Première représentation de *l'Empereur est mort*, drame historique de C. Le Senne et Guillot de Saix.

28. — Théatre Lyrique (Gaîté) : Reprise de *la Fille de Mme Angot*, de Lecocq.

Mort, à Paris, de Félix Duquesnel, ancien directeur de l'Odéon, auteur et critique dramatique, âgé de 80 ans.

Mort, à Boulauris, de M. Michel Manzi, éditeur d'art, directeur du « Théâtre », âgé de 65 ans.

29. — Trocadéro (Quatrième représentation donnée par l'Opéra) : *Faust*, de Gounod.

Gymnase : Première représentation de *la Kommandantur*, 3 actes, de F. Fonson.

Mort, à Paris, de Lassouche (J.-P. Bouquin de La Souche), ancien pensionnaire des Variétés, âgé de 87 ans.

30. — Comédie Royale (Chariot de Thespis). Matinée de bienfaisance : Premières représentations de *A boche que veux-tu*, revue de L. Collin; *la Lettre du front*, 1 acte, de Roncey ; *la Bonne aventure*, opérette de Guillot de Saix, musique de Camille Kufferath.

MAI

1. — GRAND GUIGNOL : Reprise de *le Rouge est mis*, de J. Gravier; *Gardiens de phare*, de P. Autier et Cloquemin; *la Petite bossue*, de Mycho; *la Recommandation*, de Maurey.

2. — OPÉRA-COMIQUE : Reprise de *Marouf, savetier du Caire*, de H. Rabaud.

4. — COMÉDIE-FRANÇAISE : Reprise de *Mademoiselle Belle-Isle*, d'Al. Dumas.

5. — THÉATRE SARAH BERNHARDT : Reprise de *la Dame aux camélias*, d'Al. Dumas fils.

7. — TRIANON-LYRIQUE : Reprise de *Giralda*, d'Adam.

8. — VAUDEVILLE : Reprise de *Un fil à la patte*, de Feydeau.

FOLIES-MARIGNY (Réouverture) : *La Revue de Marigny*, d'Alévy et Joullot.

9. — OPÉRA-COMIQUE : Première représentation de *Sur le front*, épisode patriotique comprenant : *La Française*, de Zamacoïs, musique de Saint-Saëns; la marche de Sambre-et-Meuse; la Marseillaise, etc.

10. — COMÉDIE-FRANÇAISE : Première représentation de *Colette Baudoche*, 3 actes, de P. Frondaie, d'après le roman de Barrès.

CONSERVATOIRE : Assemblée générale constitutive de l'*Association des anciens élèves du Conservatoire.*

12. — PORTE SAINT-MARTIN : Reprise de *la Petite Fonctionnaire*, de Capus.

COMÉDIE-ROYALE : Reprise de *Bébé*, de Najac et Hennequin.

GYMNASE : Continuation, sur cette scène, des représentations de *la Jalousie*, de Sacha Guitry ; avec *le Bouquet*, de Meilhac et Halévy.

Société des Auteurs et Compositeurs dramatiques, assemblée générale sous la présidence de M. Hennequin. A la suite des élections M. Romain Coolus est élu président.

14. — CONCERT MAYOL : Première représentation de *le Mariage de Pépéta*, opérette en 2 actes.

15. — GRAND-GUIGNOL : Reprises de *Adèle*, de Beaujot; *le Baiser dans la nuit*, de Level; *Délit de chasse*, de Francheville.

16. — ODÉON : Reprise de *Colinette*, de Lenôtre et Martin.

20. — ODÉON : *Esther* et première représentation de *la Première de la Marseillaise*, 1 acte, de Ch. Clerc.

COMÉDIE-FRANÇAISE (Matinées historiques) : Reprise de *les Héritiers ou le Naufrage*, d'Alex. Duval, et *la Bonne Mère*, de Florian ; première représentation de *Valmy* (le Salon de Mme Roland, 23 septembre 1792), intermède historique de P. Gaulot, Truffier et Berr.

OPÉRA-COMIQUE : Reprise de *le Chemineau*, de X. Leroux.

21. — VAUDEVILLE : Reprise de *Loute*, de P. Veber.

VARIÉTÉS : Nomination, comme directeur, de M. Max Maurey, directeur du Grand-Guignol.

OLYMPIA : Première représentation de *la Revue de l'Olympia*.

22. — BOUFFES : Reprise de *le Mariage de Mlle Beulemans*, de Fonson et Wickeler.

THÉATRE ANTOINE : Première représention de *Zonneslag et Cie*, fantaisie bruxelloise en 3 actes, de Libeau, joué par l'auteur et une troupe belge.

Mort, près de Pont-l'Abbé, du comte Raoul de Najac, auteur dramatique, né à Paris en 1859.

26. — *Association professionnelle de la Critique dramatique et musicale* : Assemblée générale annuelle, sous la présidence de M. Adolphe Brisson.

RENAISSANCE : Reprise de *le Zèbre*, de Nancey et Armont.

29. — COMÉDIE-FRANÇAISE : Reprise de *le Passant*, de Coppée, et *le Gendre de M. Poirier*, d'Augier.

30. — COMÉDIE-FRANÇAISE : *Il faut qu'une porte soit ouverte ou fermée*, de Musset.

JUIN

3. — COMÉDIE-FRANÇAISE (Matinées historiques) : *Un Caprice, la Nuit de Mai*, de Musset.

5. — FOLIES-BERGÈRE : Première représentation de *Sous les Drapeaux*, revue de V. Tarault.

Association des Artistes dramatiques : Assemblée générale annuelle, sous la présidence de M. P. Gailhard.

GRAND-GUIGNOL : Reprises de *la Feuille de présence*, de Mycho et Nordève ; *l'Homme qui a vu le diable*, de G. Leroux ; *la Voiture versée*, de Courteline.

6. — COMÉDIE-FRANÇAISE : 309e anniversaire de la naissance de Cor-

neille : *Horace; Corneille et Richelieu*, de Moreau ; poésies ; couronnement du buste de Corneille.

8. — COMÉDIE-FRANÇAISE : Reprises de *la Princesse Georges* et de *une Visite de noces*, d'Al. Dumas, fils.

9. — GRAND-GUIGNOL : Représentation de *Depuis six mois*, 1 acte de M. Maurey ; *la Griffe*, de Sartène ; *Après nous*, de Mycho.

11. — AMBASSADEURS : Première représentation de *la Revue des Ambassadeurs*, de Quinel et Moreau.

12. — OPÉRA-COMIQUE : Reprise de *Fortunio*, de Messager.

16. — VAUDEVILLE : Première représentation de *la Nouvelle revue antiboche*.

TROCADÉRO : Première représentation, à Paris, des *Scènes de la vie populaire russe*, adaptées par Mme Félia Litvinne, avec une troupe lyrique et chorégraphique russe.

17. — ODÉON : Première représentation de *la Nuit du Cid*, 1 acte, en vers, de G. Le Senne et Guillot de Saix.

18. — ELDORADO : Saison lyrique : Reprise de *les Mousquetaires au couvent*, de Varney.

19. — THÉATRE SARAH BERNHARDT : Première représentation de *la Vierge de Lutèce*, 4 actes, en vers, d'Aug. Villeroy.

GAITÉ : Reprise de *le Contrôleur des wagons-lits*, de Bisson.

ELDORADO : Reprise de *la Juive*, d'Halévy.

20. — OPÉRA-COMIQUE : Reprise de *Mignon*, d'A. Thomas.

OLYMPIA : Première représention de *Ça marche*, revue de Lemarchand.

22. — PORTE-SAINT-MARTIN : Matinée « A la gloire de Saint-Cyr ». Première représentation de *la Veillée de Saint-Cyr*, 1 acte, de R. Fauchois, et *le Triomphe de Saint-Cyr*, revue de Rip.

COMÉDIE-FRANÇAISE : *le Demi-monde*, d'Al. Dumas fils.

25. — ELDORADO : *le Voyage en Chine*, de Bazin.

26. — GRAND-GUIGNOL : *Une Lecture*, de Vély ; *Un Frère*, d'E. de Bassan ; *Aveugle*, de Hellem et d'Estoc ; *la Petite dame en blanc*, de Giafféri.

27. — COMÉDIE-FRANÇAISE : *Britannicus*, de Racine.

28. — THÉATRE ANTOINE : Matinée au bénéfice de l'œuvre « Le Paquetage du convalescent » : Première représentation de *l'Impromptu du Paquetage*, 1 acte, de M. Donnay.

29. — OPÉRA-COMIQUE : Matinée au bénéfice de l' « Œuvre des soldats

blessés ou malades » : œuvres diverses du compositeur italien Mario Costa.

30. — CONSERVATOIRE (Salle de la rue de Madrid, à huis clos) : Concours annuels : Contre-basse, alto, violoncelle.

Mort de Mme Suzanne Vorska (Doria), de l'Opéra-Comique, âgé de 27 ans, à Nogent sur-Marne.

THÉATRE ANTOINE : Première représentation de *la Polka de Mme Vanderbuck*, 3 actes, de R. Adam et L. Huret.

JUILLET

1. — CONSERVATOIRE : Concours annuels : Violon.

2. — CONSERVATOIRE : Concours annuels : Instruments à vent (bois et cuivres).

3. — CONSERVATOIRE : Concours annuels : Chant (femmes).

5. — VAUDEVILLE : Reprise de *Un Divorce*, de P. Bourget et A. Cury.

CONSERVATOIRE : Concours annuels : Piano (hommes) et harpes.

6. — VAUDEVILLE (Matinées de famille) : *Amour d'antan*, de M. Trubert ; *l'Union fait la force*, de H. Sébille ; *Chapeau !* de M. Sonal ; *Petit nègro, petit héros*, 1 acte, de H. Desfontaines.

CONSERVATOIRE : Concours annuels : Tragédie.

7. — CONSERVATOIRE : Concours annuels : Comédie.

8. — CONSERVATOIRE : Concours annuels : Piano (femmes).

GRAND-GUIGNOL : *Le Médecin imaginaire*, de Mycho et Hyspa ; *le Gosse*, de Level et Frappa ; *le Piège*, d'Achaume et Armory ; *la Lutte pour la vie... de Château*, de Giafferi.

9. — CONSERVATOIRE : Concours annuels : Opéra comique.

COMÉDIE-ROYALE : Première représentation de *Pour les blessés*, prologue en vers, de Guillot de Saix.

10. — CONSERVATOIRE : Concours annuels : Opéra.

CONCERT MAYOL : Première représentation de *Tout va bien !* revue en 2 actes, de Lelièvre et Varna.

11. — SORBONNE : Représentation en plein air, dans la cour, *d'Œdipe Roi*, par la Comédie-Française.

COMÉDIE-ROYALE : Première représentation de *On y va*, revue de Léonce Paco.

THÉATRE MICHEL : Première représentation de *Péché d'amour*, 2 actes, de L. Debroye, et *les Trépidants*, 3 actes, de J. Sylvère.

12. — GAITÉ : Reprise de *Durand et Durand*, d'Ordonneau et Valabrègue,

23. — MARIGNY : Première représentation de *Ça va ! Ça va !* revue d'Arnould et Bastia.

24. — MARIGNY (Œuvre du secours aux artistes) : *Les Erynnies*, de Leconte de Lisle, avec la musique de Massenet.

27. — GAITÉ : Reprise de *l'Enfant du Miracle*, de Gavault et Charvay.

28. — GRAND-GUIGNOL : *Le Pharmacien*, de M. Maurey ; *le Cœur sur la main*, de Birabeau et Ray-Rumac ; *les Morts étranges d'Albury*, de Jean ; *Son pied quelque part*, de Véber.

AOUT

1. — COMÉDIE-FRANÇAISE : Clôture pour tout le mois.

THÉATRE FRANÇOIS COPPÉE : Première représentation de *les Bras qui s'ouvrent*, de Pierre de La Batut, et *l'Huile sur le feu*, de A. Birabeau.

6. — THÉATRE MONCEY : Reprise de *la Petite Mariée*, de Lecocq.

RENAISSANCE : Reprise de *la Carotte*, de G. Berr, Dehère et M. Guillemaud

14. — VAUDEVILLE : Première représentation de *Vieux Thann*, 3 actes, de L. d'Hée.

CHATELET : Reprise de *le Tour du Monde en 80 jours*, de d'Ennery et J. Verne.

18. — THÉATRE MONCEY (Gala de charité) : Première représentation de *Un Drame d'amour*, 1 acte, de C. Le Senne et Guillot de Saix.

19. — SAINT-WANDRILLE (Ancienne abbaye de) : Représentation de *Pelléas et Mélisande*, de Mæterlinck, organisé, au profit de la Fraternelle des artistes, par Mme G. Leblanc-Mæterlinck.

23. — SAINT-WANDRILLE : Représentation de *Macbeth*, de Shakspeare, version Mæterlinck.

SEPTEMBRE

1. — COMÉDIE-FRANÇAISE (réouverture) : *Le Jeu de l'amour et du hasard*, *le Flibustier*.

7. — THÉATRE MICHEL : Reprise de *Léonie est en avance*, de Feydeau, et de *l'Attente*, de Germain et Trébor ; première de *Plus ça change*, féerie de Rip.

THÉATRE SARAH BERNHARDT (réouverture) : *L'Aiglon*, de Rostand.

COMÉDIE-FRANÇAISE : Reprise de *le Duel*, de Lavedan.

12 — THÉATRE DE VERDURE SUR LE FRONT DE L'AISNE : Première représentation de *le Père et le Fils*, 1 acte, en vers, de Guillot de Saix (interdit à Paris par la Censure).

14. — COMÉDIE-FRANÇAISE : Reprise de *la Marche nuptiale*, de Bataille.

17. — OLYMPIA : Première représentation de *Qui va là?....*, revue.

18. — FOLIES-DRAMATIQUES : Première représentation de *les Veillées nationales*, 3 actes, d'Yvette Guilbert, avec chants, danses et orchestre.

19. — VAUDEVILLE : Première représentation de *Visions de gloire*, tableaux héroïques, *France victorieuse, Scènes populaires russes.*

RENAISSANCE : Première représentation de *Retour du front*, sketch d'actualité, d'E. Depré.

22. — SCALA : Première représentation de *Made in Scala*, revue d'Abadie et Bastia.

GAITÉ : Reprise de *la Marraine de Charley*, de Brandon Thomas.

23. — OPÉRA-COMIQUE : Reprise de *Werther*, de Massenet.

25. — AMBIGU (réouverture) : Reprise de *le Maître de forges*, d'Ohnet.

PORTE-SAINT-MARTIN : Reprise de *la Flambée*, de Kistemæckers.

ODÉON (réouverture) : Reprise de *la Vie de Bohême*, de Murger et Barrière.

26. — ODÉON : Reprise de *l'Assommoir*, de Zola, et de *Henri III et sa cour*, d'A. Dumas.

28. — COMÉDIE-FRANÇAISE : Reprise de *Mlle de la Seiglière*, de J. Sandeau.

29. — Mort de Camille de Sainte-Croix, auteur dramatique et critique, à l'âge de 56 ans.

OCTOBRE

1. — RENAISSANCE : Reprises de *Fred*, d'A. Germain et Trébor, et de *Séance de nuit*, de G. Feydeau.

2. — PALAIS-ROYAL : Reprise de *la Cagnotte*, de Labiche et Delacour.

THÉATRE CLUNY (réouverture) : Reprise de *Bébé*, de Najac et Hennequin.

FOLIES-BERGÈRE : Première représentation de *la Revue des Folies-Bergère*.

5. — Décret et règlement réorganisant le Conservatoire national de musique et de déclamation.

6. — THÉATRE-ANTOINE : Première représentation de *la Nouvelle revue de Rip* (Suite à *1915*).

7. — THÉATRE MONCEY : Reprise de *la Favorite*, de Donizetti.

9. — TRIANON-LYRIQUE (réouverture) : Reprise de *l'Oiseau bleu*, de Lecocq.

10. — TRIANON-LYRIQUE : Reprise de *Galathée*, de V. Massé.

Réouverture des *Matinées nationales*, à la Sorbonne.

12. — GYMNASE : Première représentation de *A la Française!* revue de L. Boyer et D. Bonnaud.

VAUDEVILLE : Reprise de *la Belle aventure*, de G. de Caillavet, R. de Flers et E. Rey.

14. — COMÉDIE-FRANÇAISE : Première représentation (à ce théâtre) de *Pour la Couronne!* de Coppée.

THÉATRE MONCEY : Première représentation de *la Caporale Mimi-Pinson*, opérette en 3 actes, de Tranchant, musique de Dupré.

16. — THÉATRE SARAH BERNHARDT : Reprise de *la Dame aux camélias*, d'Al. Dumas fils.

TRIANON-LYRIQUE : Reprise (pour la première fois à Paris depuis 1875) de *le Val d'Andorre*, d'Halévy.

THÉATRE CLUNY : Reprise de *les Surprises du divorce*, de Bisson.

THÉATRE DÉJAZET (réouverture) : Première représentation de *les Fiancés de Rosalie*, 3 actes, de Mouëzy-Eon et Daveillans.

17. — ODÉON : Reprise de *la Famille Benoîton*, de V. Sardou.

19. — GAITÉ : Reprise de *le Bonheur conjugal*, de Valabrègue.

OPÉRA-COMIQUE : Gala italien : *La Traviata* (2 actes), *la Tosca* (reprise), *Paillasse* (1er acte), Hymnes nationaux.

22. — Mort de Mme Adèle Isaac-Lelong, ancienne pensionnaire de l'Opéra-Comique et de l'Opéra, née à Calais en 1854.

24. — Réouverture des *Concerts Colonne-Lamoureux*, à la salle Gaveau.

Mort à Paris de Paul Hervieu, de l'Académie française, auteur dramatique, né à Neuilly en 1857. Obsèques le 28 (Relâche à la Comédie-Française.)

25. — TRIANON-LYRIQUE : Reprise de *Giroflé-Girofla*, de Lecocq.

COMÉDIE-FRANÇAISE : *Le Coup d'aile*, de M. de Curel, dont la reprise était annoncée comme prochaine, est arrêté par la censure, et l'auteur le retire.

26. — CAPUCINES (réouverture) : Première représentation de *Paris quand même*, revue en 2 actes, de M. Carré; *Passe-Passe*, 1 acte, de Montet; *On rouvre!* prologue de Roux.

TRIANON-LYRIQUE : Reprise de *la Cigale et la Fourmi*, d'Audran.

27. — GAITÉ : Reprise de *le Contrôleur des wagons-lits*, de Bisson.

PORTE-SAINT-MARTIN : Reprise de *Cyrano de Bergerac*, de Rostand.

GRAND-GUIGNOL (réouverture) : *Bloomfield and Co.*, de Frapié et Fabri; *la grande Mort*, de Lenormand et d'Aguzan; *une Femme charmante*, de Mycho.

28. — THÉATRE MONCEY : Reprise de *la Juive*, d'Halévy.

30. — BOUFFES : Première représentation de *Kit*, 3 actes, adaptés de l'anglais de Woraall et Terry, par William, Périer et Verney.

THÉATRE CLUNY : Reprise d'*Arsène Lupin*, de Croisset et Leblanc.

NOVEMBRE

1. — THÉATRE MONCEY : Reprise de *le Petit Duc*, de Lecoq.

3. — THÉATRE DES ARTS : Reprise de *les Cloches de Corneville*, de Planquette.

4. — COMÉDIE-FRANÇAISE : Reprise de *les Ouvriers*, de Manuel.

THÉATRE DES ARTS (réouverture) : Reprise de *la Traviata*, de Verdi.

5. — SCALA : Première représentation de *Pourvu qu'on ait l'métro!* revue d'Arnould et Carpentier.

6. — PALAIS-ROYAL : Première représention de *Il faut l'avoir*, comédie-revue de Sacha Guitry et Willemetz.

COMÉDIE-FRANÇAISE : En l'honneur de Paul Hervieu : *Les Tenailles* et l'*Enigme*.

GAITÉ : Reprise de *le Coup de fouet*, de Hennequin et Duval.

THÉATRE SARAH BERNHARDT : Premières représentations de *les Cathédrales*, 1 acte, en vers, d'Eug. Mòrand, musique de G. Pierné (rentrée de Mme Sarah Bernhardt) et de *l'Enfant vainqueur*, 1 acte, de Schewœbel; et reprise de *l'Impromptu du paquetage*, de Donnay.

9. — NOUVEL AMBIGU : Reprise de *la Demoiselle de magasin*, de Fonson et Wicheler.

10. — THÉATRE DES ARTS : Reprise de *le Trouvère*, de Verdi.

11. — THÉATRE MICHEL (réouverture) : Premières représentations de *les Vacances de l'amour*, 3 actes, de Bonmariage, et *Quatre jours de*

permission, 1 acte, de Depré et Métivet ; reprise de *Zéphyr,* 1 acte, de Germain et Trébor.

Théatre Moncey : Reprise de *la Fille de M*me *Angot,* de Lecoq.

Comédie-Française : Reprise de *Socrate et sa femme,* de Th. de Banville, et de *les Demoiselles de Saint-Cyr,* d'Al. Dumas.

12. — Trianon-Lyrique : Reprise de *le Songe d'une nuit d'été,* d'Ambroise Thomas.

13. — Mort, à Vétheuil, de L. Paravey, ancien directeur de l'Opéra-Comique.

14. — Odéon : Reprise de *Tête de Linotte,* de Barrière et Gondinet ; première représentation de *A l'appel des clairons,* de Groc.

Grand-Guignol : Reprises de *le Clocher d'Angouville,* 1 acte, de Gerbidon ; *l'Horrible expérience,* 2 actes, de de Lorde et Binet ; *Au soleil,* 1 acte, de Desvallières et Gleize.

16. — Comédie-Française : Reprise de *la Nouvelle idole,* de F. de Curel.

Théatre des Arts : Reprise de *Gillette de Narbonne,* d'Audran.

18. — Théatre Antoine : Suite des représentations de *la Belle aventure,* jusqu'alors reprise au Vaudeville.

Opéra-Comique : Reprise de *les Rendez-vous bourgeois,* de Nicolo.

Théatre Moncey : Reprise de *la Mascotte,* d'Audran.

19. — Renaissance : Reprise de *la Puce à l'oreille,* 3 actes, de Feydeau.

20. — Théatre Cluny : Reprise de *la Femme X,* de Bisson.

Comédie-Française ; Matinée de gala pour « les Héros de l'air » : *Le Mariage forcé, la Marraine* (de H. Lavedan) ; *Lu ..scie de Lammermoor* (de Rip, 1re audition) ; *Gretna-Green* (de Guiraud, divertissement). Allocution de M. Louis Barthou.

21. — Opéra-Comique : Reprise de *la Vie de Bohème,* de Puccini.

23. — Variétés : Première des Causeries de M. Sacha Guitry, avec vues cinématographiques : *Ceux de chez nous,* et première représentation de *la Vilaine femme brune,* 1 acte, de S. Guitry.

Trianon-Lyrique : Reprise de *les Saltimbanques,* de Ganne.

25. — Apollo : Première représentation de *la Cocarde de Mimi-Pinson,* opérette en 3 actes, d'Ordonneau et Gally, musique de Goublier fils.

Théatre Sarah Bernhardt : Reprise de *le Bossu,* d'Anicet-Bourgeois et Paul Féval.

Comédie-Française : Reprise de *Blanchette,* de Brieux.

28. — ODÉON : Reprise de *le Roman d'un jeune homme pauvre,* de Feuillet.

30. — GRAND-GUIGNOL : Reprises de *l'École des belles-mères,* de Brieux ; *S. O. S.*, de Ch. Muller et Level ; *le Convive,* de Pagat.

ATHÉNÉE : Première représentation de *l'École des civils,* revue de Rip, musique d'E. Lassailly.

DÉCEMBRE

2. — COMÉDIE-FRANÇAISE : Reprise de *Jean-Marie,* de Theuriet.

M. Émile Fabre est chargé, par intérim, des fonctions d'administrateur, M. Albert Carré se consacrant à son service militaire.

THÉATRE MONCEY : Reprise de *Véronique,* de Messager.

3. — Mort, à Paris, de Maurice Lefèvre, auteur et critique dramatique, né en 1857.

4. — THÉATRE CLUNY : Reprises de *la Mariée récalcitrante,* de Gandillot, et *Rosalie,* de Maurey.

9. — OPÉRA (réouverture, en matinées le jeudi et le dimanche). Première matinée au bénéfice de la Croix-Rouge de Belgique : *Hommage à la Belgique ;* fragments d'*Eugène Onéguine,* de Tschaïkowsky, d'*Hamlet* et de *Patrie.*

COMÉDIE-FRANÇAISE : Reprise d'*Une chaîne,* de Scribe.

THÉATRE MONCEY : Reprise de *Giroflé-Girofla,* de Lecoq.

10. — VARIÉTÉS (réouverture) : Reprise de *Mademoiselle Josette, ma femme,* de P. Gavault et Charvay. (Le spectacle organisé par M. Sacha Guitry : *Ceux de chez nous,* passe au Palais-Royal, en matinée.)

11. — THÉATRE RÉJANE (réouverture) : Reprise d'*Alsace,* de G. Leroux et L. Camille.

ODÉON : Reprises de *l'Arlésienne,* de Daudet, et d'*Esther,* de Racine.

CHATELET : Première représentation de *les Exploits d'une petite française,* 4 actes, de Darlay et de Gorsse.

12. — OPÉRA : Ballet de *Hulda,* de César Franck (à l'orchestre) ; fragments d'*Eugène Onéguine, Aïda, le Cid.*

ODÉON : Reprise de *le Secret de Polichinelle,* de P. Wolff.

13. — GRAND-GUIGNOL : Reprises de *la Griffe,* de Sartène, et *le Grand oiseau,* de Jeanniot et Muller.

Mort, à Paris, d'Auguste Germain, auteur et critique dramatique, âgé de 52 ans.

15. — THÉATRE-MICHEL : Première représentation de *Vous permettez?* revue de Tarault et Paco; reprise de *Son filleul*, d'Armory et Gilbert.

16. — OPÉRA : Ouverture de *Stellus* (de L. Dumas); fragments d'*Eugène Onéguine, Patrie*; première représentation de *Mademoiselle de Nantes*, reconstitution d'un concert au XVIIe siècle, avec musique de Lulli, Charpentier, Cesti.

THÉATRE MONCEY : Reprise de *les Saltimbanques*, de Ganne.

ODÉON : Reprise de *le Bourgeois gentilhomme*, de Molière.

17. — TRIANON-LYRIQUE : Reprise de *la Poupée*, d'Audran.

18. — GAITÉ : Reprise de *Vous n'avez rien à déclarer?* de Hennequin et Veber.

19. — OPÉRA : Représentation-concert en l'honneur de M. Camille Saint-Saëns et pour fêter ses 80 ans.

20. — THÉATRE SARAH BERNHARDT (matinée de bienfaisance) : Première représentation de *les 7 filleuls de Janou*, intermède héroïque de Mme Jane Catulle-Mendès et de Guillot de Saix, et *les Français ont parlé*, épisode serbe de Rosny aîné.

21. — COMÉDIE-FRANÇAISE : Reprise de *le Dédale*, d'Hervieu.

22. — GRAND-GUIGNOL : Première représentation de *le Truc à Jeannot*, 1 acte, de S. Veber, d'après A. Daudet; *la Nuit de Noël*, 1 acte, de Kéroul et Lefaure; *le Mystère de la Maison noire*, 1 acte, de de Lorde et Bauche; *On demande une femme de ménage*, 1 acte, de D. Fabrice.

NOUVEL-AMBIGU : Reprise de *Sherlock Holmes*, de P. Decourcelle.

THÉATRE RÉJANE : Reprise de *Madame sans gêne*, de Sardou.

SCALA : Première représentation de *Taisez-vous! Méfiez-vous!*, revue de M. Carré.

LE CAGIBI : Première représention de *Paris qui change*, revue.

23 — COMÉDIE-FRANÇAISE : Anniversaire de Racine : *Bérénice, les Plaideurs;* première représentation de *la Première Bérénice*, 1 acte, en vers, de Ad. Bertrand et G. de Bar.

OPÉRA : Ouverture de *Stellus*; fragments d'*Aïda, Guillaume Tell; Mademoiselle de Nantes.*

GYMNASE : Première représentation de *les Deux Vestales*, 3 actes, de Ph. Maquet.

TRIANON-LYRIQUE : Première représentation de *Fils d'Alsace*, épisode lyrique en 3 actes, de M. Bouteloup, musique de L. Lempers.

THÉATRE MONCEY : Reprise de *les Cloches de Corneville,* de Planquette.

THÉATRE CLUNY : Reprise de *les Huns et.... les autres,* revue de L. Boyer et D. Bonnaud.

CAPUCINES : Première représentation de *En Franchise !* revue de H. Delorme et Carpentier; *A l'étage au dessus,* 1 acte, de Hennequin; *Oh! pardon!* prologue en vers, de Chauvel.

24. — OLYMPIA : Première représentation de *Pierrot's Christmas,* comédie-pantomine de Bessier et Monti.

THÉATRE ALBERT Ier : Reprise de *l'Enfant du Miracle,* de Gavault et Charvay.

25. — OPÉRA-COMIQUE : Première représentation de *les Cadeaux de Noël,* conte historique en 1 acte, de E. Fabre, musique de X. Leroux.

26. — OPÉRA : Ballet de *Hulda,* fragments d'*Hamlet* et de *le Cid.*

29. — OPÉRA : Représentation de Ballets Russes, pour une œuvre de bienfaisance.

30. — ODÉON : Reprise de *Nicomède,* de Corneille.

THÉATRE MONCEY : Reprise de *Mlle Nitouche,* d'Hervé.

31. — COMÉDIE-FRANÇAISE : Reprise de *Britannicus,* de Racine.

FOLIES-BERGÈRE : Première représentation de *Jusqu'au bout,* revue de G. Arnauld.

1916

JANVIER

1. — Mort, à Florence, du célèbre tragédien Salvini, à l'âge de 87 ans.

2. — OPÉRA : *Mademoiselle de Nantes*; fragments d'*Henry VIII,* et de *Rigoletto.*

6. — OPÉRA : Première représentation de *les Virtuosi de Mazarin,* reconstitution de concert sous Louis XIII, musique de Monteverdi, Rossi, Cavalli; fragments de *Samson et Dalila, Étienne Marcel* et *Sigurd.*

COMÉDIE-FRANÇAISE : Reprise de *Polyphème,* de Samain.

THÉATRE MONCEY : Reprise de *la Petite Bohême,* d'Hirchmann.

8. — CLUNY : Reprise de *les Femmes collantes,* de Gandillot.

9. — OPÉRA : Fragments de *Patrie, Rigoletto, la Favorite; les Virtuosi de Mazarin.*

ODÉON : Reprise de *l'Espionne* (Dora), de V. Sardou.

11. — COMÉDIE-FRANÇAISE : Reprise de *les Affaires sont les affaires*, de Mirbeau.

12. — COMÉDIE-FRANÇAISE : Reprise de *l'Ami des femmes*, d'Al. Dumas, fils.

13. — OPÉRA : Fragments de *la Favorite*, *le Chant de la Cloche* (V. d'Indy, première fois), *Guillaume Tell*, *Mademoiselle de Nantes*..

ODÉON : Reprise de *le Misanthrope*, de Molière, et *les Sincères*, de Marivaux.

THÉATRE MONCEY. — Reprise de *le Cœur et la Main*, de Lecocq.

14. — PALAIS-ROYAL : Première représentation de *le Poilu*, comédie-opérette en 2 actes. de M. Hennequin et P. Veber, musique de M. Jacquet; et *Hortense a dit : J'm'en fous !*, 1 acte, de G. Feydeau.

15. — OPÉRA-COMIQUE : Reprise de *le Juif Polonais*, de C. Erlanger.

COMÉDIE-FRANÇAISE : 294e anniversaire de la naissance de Molière : *Dépit amoureux*, *le Médecin malgré lui*, *la Soubrette de Molière*, poésie de E. Blémont, *le Malade imaginaire*.

16. — OPÉRA : Fragments de *Patrie*, *Faust*, *Coppélia*.

18. — VARIÉTÉS : Reprise de *Miquette et sa mère*, de R. de Flers et A. de Caillavet.

19. — PORTE-SAINT-MARTIN : Reprise d'*Anna Karénine*, de E. Guiraud, d'après Tolstoï.

20. — OPÉRA : Fragments de *le Chant de la Cloche*, *la Favorite*, *le Miracle*; *les Virtuosi de Mazarin*.

TRIANON-LYRIQUE : Reprise de *Joséphine vendue par ses sœurs*, de V. Roger.

THÉATRE MONCEY : Reprise de *le Grand Mogol*, d'Audran.

OPÉRA-COMIQUE : Première représentation de *le Tambour*, scène de Saint-Georges de Bouhélier, musique d'Alf. Bruneau.

23. — OPÉRA : Fragments de *les Barbares*, *Patrie*, *le Cid*; *Mademoiselle de Nantes*.

25. — UNION DES ARTS (Pavillon des Champs-Elysées) : Première représentation de *la Légende de France*, estampes lumineuses d'Alaux et Tonnelier, avec chants et récitations.

GRAND-GUIGNOL : Première représentation de *l'Angoisse*, 1 acte de P. Mille et Cœlia de Vylars; et *le Siège de Berlin*, 1 acte de Ch. Hellem et P. d'Estoc, d'après Daudet.

26. — OPÉRA : Fragments de *le Miracle*, *Guillaume Tell*, *Coppélia*.

THÉATRE MONCEY : Reprise de *le Jour et la nuit*, de Lecocq.

30. — ODÉON : Reprise de *Charles II et Buckingham (le Laird de Dumbicky)*, d'Alexandre Dumas.

FÉVRIER

1. — TRIANON-LYRIQUE : Reprise de *Rip*, de Planquette.

3. — OPÉRA : Fragments de *le Chant de la cloche, Rigoletto, Samson et Dalila*; *les Virtuoses de Mazarin*.

THÉATRE MONCEY : Reprise de *la Petite mariée*, de Lecocq.

5. — OPÉRA (matinée de charité, de la Société des Auteurs et Compositeurs de musique) : Première représentation de *la Forêt sacrée*, tableau allégorique de R. Fauchois; 1er acte de *Don Pasquale* (en italien); *Sainte Russie*, tableau populaire russe; fragments de ballets divers du répertoire.

6. — OPÉRA : Fragments d'*Henry VIII, Faust* et *Théodora* (de X. Leroux, acte II, pour la première fois à Paris).

8. — AMBIGU : Reprise de *la Petite fonctionnaire*, de Capus.

THÉATRE SARAH BERNHARDT : Reprise de *le Chemineau*, de Richepin.

9. — COMÉDIE-FRANÇAISE : Reprise (première ici) de *la Figurante*, de M. de Curel.

(SUR LE FRONT) : Première des représentations données par « Le Théâtre aux Armées », sous la direction de M. Émile Fabre, avec le concours de la Comédie-Française et de tous les artistes.

10. — OPÉRA : Fragments de *le Miracle, Othello, Samson et Dalila*.

THÉATRE MONCEY : Reprise de *Si j'étais roi*, d'Adam.

ODÉON : Reprise de *une Famille au temps de Luther*, de C. Delavigne.

12. — GAITÉ : Reprise de *Coralie et Cie*, de Valabrègue et Hennequin.

THÉATRE CLUNY : Reprise de *les Jocrisses de l'amour*, de Barrière et Lambert-Thiboust; *les Forfaits de Pipermans*, de Darce et Chivot.

13. — OPÉRA : Fragments d'*Étienne Marcel* (airs de ballet), *Patrie, Théodora, Roméo et Juliette, le Cid*.

16. — GRAND-GUIGNOL : Première représentation de *le Cyclope*, de Francheville; *la Maison dans la brume*, de Dallix et Jeanne; *l'Homme qui fut aimé*, d'Armory; *l'Expérience du docteur Lorde*, d'Answyk et Wattyne; *le Court circuit*, de Rabier et Joullot.

17. — OPÉRA : Fragments d'*Aïda*, *l'Ouragan* (de Bruneau, acte III, première fois sur cette scène); *Coppélia* (en entier).

SCALA : Première représentation de *Hardi, les bleuets!* revue de Lerouchand.

COMÉDIE-FRANÇAISE : Première représentation de *l'Augusta*, tragédie en 1 acte, de R. Fauchois.

18. — TRIANON-LYRIQUE : Reprise de *les Mousquetaires au couvent*, de Varney.

VARIÉTÉS : Reprise de *l'Impromptu du paquetage*, de Donnay; *la Bonne intention*, de Fr. de Croisset; *Depuis six mois*, de Maurey.

20. — OPÉRA : Fragments de *Roméo et Juliette, la Favorite, Faust; Mademoiselle de Nantes.*

22. — AMBIGU : Reprise de *Ma tante d'Honfleur*, de P. Gavault.

24. — OPÉRA : Fragments de *l'Ouragan, le Chant de la cloche, Othello, Guillaume Tell.*

ODÉON : Reprises de *la Partie de chasse de Henri IV*, de Collé, et *la Gageure imprévue*, de Sedaine.

25. — TRIANON-LYRIQUE : Reprise de *le Pré aux clercs*, d'Hérold.

26. — COMÉDIE-FRANÇAISE (anniversaire de la naissance de Victor Hugo) : 5e acte de *Ruy Blas*, 4e acte de *Marion de Lorme*, Poésies.

27. — ODÉON : Reprise de *Par le glaive*, de Richepin.

OPÉRA : Fragments d'*Œdipe à Colone, Théodora, le Trouvère; Coppélia.*

NÉCROLOGIE

2 août 1914.

Gabriel Dupont, né à Caen, en 1878, a vu sa jeune carrière brisée par la maladie, au moment où l'aube de la gloire éclairait déjà ses justes espérances. Second prix de Rome en 1901, la victoire inattendue qu'il remporta, lui Français, dans un concours international ouvert à Milan par l'éditeur italien Sonzogno, avec sa vibrante petite partition de *la Cabrera* (exécutée à l'Opéra-Comique en 1905), valut à ses premiers pas l'attention la plus sympathique. Plus heureux encore, furent, dans les Concerts, ses *Heures dolentes*, sorte de suite symphonique, comme *le Jouet de la destinée*, et d'une expression très intense Au théâtre, une comédie humoristique, *la Farce du cuvier* (Bruxelles, 1912), et une œuvre pathétique, *la Glu* (Nice 1910) devait encore accentuer, par ses qualités de couleur et de vie, le grand espoir que le public fondait déjà sur l'artiste. Enfin *Antar*, dont on disait par avance la flamme hautaine et l'ampleur d'inspiration, était reçu à l'Opéra et devait être joué l'hiver de 1914. Quand nous sera-t-il permis, maintenant, de l'apprécier ?

6 août 1914.

Jules Lemaitre, né à Vennecy (Loiret), en 1853, de l'Académie Française (1895), ne se livra complètement aux lettres qu'après neuf ans de professorat dans l'Université. Ses thèses de doctorat (1882), l'une sur *la Comédie après Molière et le théâtre de Dancourt*, l'autre sur *Corneille et la Poétique* d'Aristote l'avaient montré déjà tout attiré par le théâtre. Dès 1885, il commençait une carrière de critique dramatique, original, informé, subtil, qui ne devait se lasser qu'en 1897 *(Journal des Débats, Revue des Deux Mondes)* et dont les principaux articles, reparus sous le titre d'*Impressions de théâtre* (10 séries) gardent le plus vif attrait de lecture. Critique littéraire et social, en même temps, et particulièrement attentif au mouvement actuel, ses études, réunies sous le titre de *les Contemporains* (7 séries) contiennent également mainte page de premier ordre. Il n'avait pas tardé, d'autre part, à aborder le théâtre, où ses qualités de finesse inventive, ses goûts d'analyse sociale et ses tendances d'ingénieux scepticisme et de comique ironie devaient tour à tour trouver leur emploi. On apprécia de lui ainsi : Révoltée (1889), le Député Leveau (1890), Mariage blanc (1891), Flipote, les Rois (1893), l'Age difficile, le Pardon (1895), la Bonne Hélène (1896), l'Aînée (1898); puis, après un arrêt sssez long : La Massière (1905), Bertrande (1906), la Princesse de Clèves (1908), enfin, avec M. Donnay, le Mariage de Télémaque (1910). — Parmi ses autres ouvrages de critique, on citera encore, spécialement, ici, les deux volumes consacrés à J.-J. Rousseau (1907) et à Racine (1908).

11 août 1914.

Pol Plançon, né à Fumay (Ardennes), en 1854, élève de Duprez, possédait une des plus belles voix de basse de notre époque, une voix sonore et légère, puissante et souple, d'une pureté que l'on n'a que trop rarement l'occasion d'apprécier dans ces registres-là. Mais sa plus importante carrière s'est écoulée en Amérique où il obtenait d'incomparables succès. Après ses années de début, à Lyon (1879....), nous ne l'avons entendu à l'Opéra que de 1883 à 1893, dans tout le répertoire. Il a du moins laissé une marque très personnelle à l'une de ses rares créations, celle du personnage de François Ier dans *Ascanio.*

Août 1914.

Valentin Duc, né à Béziers, en 1858, laissera le souvenir de l'un des plus vigoureux organes de ténor de force qui aient été entendus à l'Opéra. Avec un son plein, large, cuivré, sans nuances d'ailleurs, c'est un véritable tonnerre qui sortait de cette vaste poitrine. Dès ses succès au Conservatoire de Paris, en 1885, il entra à l'Opéra, où il chanta tous les grands rôles à ut dièze, avec quelques créations (celle de Karloo dans *Patrie*, notamment), jusqu'en 1892. La dernière fois que nous eûmes l'occasion de l'apprécier, en 1903, à la Gaîté devenu Théâtre Lyrique, il déploya encore, dans *la Juive*, *Messaline*, *Hérodiade*, une puissance sonore incroyable.

21 septembre 1914.

Albéric Magnard, né à Paris en 1865, mort, dans des circonstances assez mal expliquées, au moment de l'envahissement, par les troupes allemandes, du village de Nanteuil-le-Haudouin, où son habitation fut brûlée, était fils du journaliste Francis Magnard. Bien qu'il ait passé un instant par le Conservatoire (où il se contenta du prix d'harmonie, en 1888), c'était surtout ce qu'on appelle un autodidacte, jaloux, presque à l'excès, de son indépendance, et dont les œuvres apparaissaient au public presque aussi rarement que sa personne même. Ces œuvres sont surtout symphoniques, même quand les voix s'y mêlent, même lorsqu'elles ont été conçues pour la scène ; mais, dans leur trop petit nombre, elles resteront parmi les plus nobles et les plus attachantes de l'École française moderne. Ce sont des symphonies pures, des suites d'orchestre, de la musique de chambre, enfin, au théâtre, *Yolande* (qu'on entendit à Bruxelles en 1893), et surtout *Bérénice*, qui fut si remarquée à l'Opéra-Comique en 1911, et *Guercœur*, dont l'exécution de quelques fragments, au concert, donne une idée très haute, bien qu'imparfaite.

19 octobre 1914.

Louis de Fourcaud, né à Beaumarchez (Gers), en 1851, membre libre de l'Académie des Beaux-Arts (1913), professeur d'histoire de l'art à l'École des Beaux-Arts (depuis 1893). Il a écrit quelques monographies très approfondies et très neuves, sur Watteau, sur Rude, Fragonard, Jérôme Bosch, Gérard David, la peinture primitive dans les Pays-Bas...., et laissé de considérables matériaux pour bien d'autres, d'une documentation originale qui avait rendu son cours célèbre, mais dont une petite part seulement aura vu le jour dans d'innombrables articles de revues et de journaux. Mais il nous appartient ici surtout comme critique musical (au *Gaulois*, principalement, depuis 1876), car il était l'un des plus indépendants et des plus érudits de notre époque, avec une compétence qui, là encore, avait pour base une éducation technique très poussée, de nombreux voyages à l'étranger et la pratique intime de plusieurs des plus grands maîtres modernes. Si l'on publie quelques jours les plus importants de ces articles, comme il faut l'espérer, on aura l'expression la plus fine et la plus durable de tout le mouvement artistique pendant 38 ans, et, au point de vue du théâtre, toute l'évolution de la musique française, du *Roi de Lahore* à *Marouf*. — Louis de Fourcaud était d'ailleurs poète et dramaturge aussi ; mais son beau drame lyrique *Renaud d'Arles* a seul été mis à la scène, et quelques autres œuvres théâtrales, de genres divers, achevées du moins, tels *l'Enchantement d'amour*, ou *la Reine de Beauce*, un conte délicieusement romantique (partition d'Arthur Coquard), sont restés inédits jusqu'à ce jour.

9 novembre 1914.

JEAN-BAPTISTE FAURE, né à Moulins, en 1830, a été l'artiste lyrique le plus complet, peut-être, dont jamais l'École française ait put se faire honneur. Voix de baryton d'un velouté admirable, puissante et moëlleuse, d'une souplesse merveilleuse ; autorité incomparable dans le phrasé, dans la diction, dans le style ; jeu d'une distinction et d'un goût suprêmes, il avait tout, en vérité ; sans oublier de sérieux dons musicaux, qui firent leurs preuves dans de nombreuses mélodies, dont plusieurs sont des plus remarquables, et dans une méthode de chant qui fut aussitôt célèbre, Aussi l'effet qu'il produisait est-il de ceux qu'on n'oublie jamais, car on n'en a réellement pas trouvé l'équivalent après lui. Sa carrière avait pris naissance dans les maîtrises. Mais après le Conservatoire (où il devait rentrer, comme professeur, dès l'âge de 26 ans!) elle se développa surtout sur trois scènes : celle de l'Opéra-Comique, de 1852 à 1860 ; celle de l'Opéra, de 1861 à 1876 ; et celle de Covent-Garden, à Londres, de 1860 à 1877 (en italien). Il refusa toujours les offres de l'Amérique ; mais on l'entendit encore, après sa retraite, en France ou à l'Étranger et dans les concerts, au moins jusqu'en 1892, sans que jamais la moindre défaillance pût être surprise dans son magnifique organe. Ses principales créations ont été dans *Galathée, le Pardon de Ploërmel, l'Africaine, Don Carlos, Hamlet, la Coupe du Roi de Thulé*.... Mais il n'était pas moins original et hors de pair dans *Joconde, l'Étoile du Nord, Guillaume Tell, la Favorite, les Huguenots, Faust,* et surtout *Don Juan*.

13 janvier 1915.

GASTON ARMAN DE CAILLAVET, né à Paris en 1869, chercha quelque temps sa voie comme auteur dramatique, avec des revuettes, des pièces de cercle, des fantaisies brèves, telles *Colombine* (1890) ou *la Sainte Ligue* (1892), jusqu'au jour où il rencontra M. Robert de Flers, avec lequel s'établit une collaboration tout de suite des plus fécondes, et que ne tarda pas à couronner le succès le plus triomphal. Comédies de demi-monde, opérettes bouffes, pièces de caractère discret et souriant, ou satires aristophanesques, presque toutes durent à leur verve irrésistible, leur souple imagination, leur esprit dru, une fortune qui n'est pas près de s'épuiser. Ce répertoire de tout repos comprend surtout : *les Travaux d'Hercule* (1901) ; *le Cœur a ses raisons, Chonchette* (1902) ; *le Choix d'une carrière, les Sentiers de la Vertu, le Sire de Vergy* (1903) ; *Monsieur de La Palice* (1904) ; *Miquette et sa mère* (1906); *l'Amour veille* (1907); *le Roi* (1908); *l'Ane de Buridan* (1909); *le Bois sacré* (1910); *Papa*, *Primerose* (1911); *l'Habit vert* (1913); *la Belle aventure* (1914).

29 avril 1915.

LASSOUCHE (L.-A. Bouquin de La Souche), né à Paris, en 1828, a créé une sorte de type, au théâtre comique, et dont le souvenir lui restera justement attaché. Parmi les divers goûts qui se disputèrent son enfance, entre la librairie de son père et le magasin de curiosités où il était commis, le théâtre l'emporta d'assez bonne heure, et ses débuts, sur les petites scènes de nos faubourgs, remontent à 1850. Mais c'est au Palais-Royal, dès 1858, et jusqu'en 1876, que devait se dessiner puis se caractériser sa carrière. Les rôles qu'il y remplit sont d'autant plus innombrables qu'il acceptait les plus modestes (ceux de domestique surtout); mais il n'en était aucun de petit à ses yeux, et il les rendait tous avec une égale conscience, les relevant d'une fantaisie imprévue, d'une excentricité spontanée, qui devint vite une source connue et attendue de rires. De belles années, encore, aux Variétés, entre 1876 et 1897, le menèrent doucement jusqu'à la retraite, qu'il amusa de ses premiers goûts de collectionneur, toujours curieux. Il avait écrit jadis une quinzaine de folies diverses pour de petites scènes.

22 octobre 1915.

Mme ADÈLE ISAAC (-Lelong), née à Calais, en 1854, a laissé, surtout à l'Opéra-Comique, des souvenirs inoubliables. Douée d'une voix d'une idéale pureté, d'une sûreté impeccable, elle avait d'ailleurs un souci de la perfection poussé presque à l'extrême, avec une simplicité et une réserve, dans le jeu, qui étaient du goût le plus fin. Elle avait débuté à Bruxelles, en 1872. Mais sa carrière à l'Opéra-Comique de Paris va de 1873 à 1892, en somme, hors quelques fugues à Liège (1874-75), à Lyon (1875-77) et à l'Opéra (1883-85). Elle n'a vraiment fait qu'une création marquante : celle des trois figures de femme des *Contes d'Hoffmann*, qu'elle incarnait tour à tour le même soir. Mais ceux qui l'ont entendue dans *l'Étoile du Nord*, *Haydée*, *Roméo et Juliette*, *le Domino noir*, *les Noces de Figaro* (Suzanne), *Carmen*, *Hamlet*, *le Comte Ory*, *Faust*, *le Songe d'une nuit d'été*.... en garderont toujours un très vif souvenir d'admiration.

24 octobre 1915.

PAUL HERVIEU, né à Neuilly, en 1857, de l'Académie Française (1900), ancien Président de la Société des Gens de lettres et de la Société des Auteurs dramatiques. Romancier, d'abord, puis dramaturge, son œuvre le fait apprécier surtout comme un psychologue, comme un juge social, un observateur rigoureux, un analyste impitoyable des passions, un défenseur des droits de la faiblesse. « Son œuvre, d'une conception généreuse (a dit justement M. R. de Flers), est, dans l'exécution, d'une rigoureuse simplicité. Comme les classiques, il réduit l'intrigue à ses éléments indispensables, et il la conduit avec le moins de personnages et dans le moins de temps possible, fidèle aux vieilles unités de temps et de lieu, qu'il n'est point aisé de respecter, mais dont tout drame qui leur obéit se trouve merveilleusement fortifié et élevé. Tout l'effort de Paul Hervieu vise à extraire, de sujets très simples en eux-mêmes, des situations véhémentes, qui projettent sur les caractères une lumière nette et franche. De là la vigueur de son théâtre, sa clarté, son relief, sa solidité voulue et sa puissance démonstrative. » Son style sobre et puissant, simple et expressif, donne une très haute allure à ses drames, dont l'ensemble demeurera l'un des plus caractéristiques de notre époque : *les Paroles restent* (1892), *les Tenailles* (1895), *la Loi de l'homme* (1897), *la Course du flambeau*, *l'Enigme* (1901), *Théroigne de Méricourt* (1902), *le Dédale* (1903), *le Réveil* (1905), *Connais-toi* (1910), *Bagatelle* (1913), *le Destin est maître* (1914).

1er mars 1916.

MOUNET-SULLY (Jean Mounet), né à Bergerac, le 27 février 1841, et qui venait donc d'accomplir sa 75e année, n'avait pas eu des débuts faciles, ni précoces, dans cette carrière où il devait illustrer son nom, et qu'il terminait comme doyen des sociétaires de la Comédie-Française. Avec des dons magnifiques, dons physiques et dons intellectuels, une sorte d'impétuosité mal réglée, trop spontanée pour un art tout conventionnel, le desservait d'abord, et le laissait imcomplet. Il ne sortit du Conservatoire de Paris qu'en 1868, avec un premier accessit de tragédie et un second prix de comédie, et passa plusieurs années à végéter, entre l'Odéon et les Matinées Ballande, avant de débuter réellement, de conquérir enfin le public, le jour où l'heureuse inspiration du directeur Perrin l'appela à la Comédie-Française. C'était dans l'été de 1872, pour *Andromaque* et ce rôle d'Oreste que sa sereine vieillesse incarnait encore en 1913, sur le théâtre d'Orange. Dans le répertoire tragique, presque tous ses rôles seraient à citer, car il y a laissé sa marque : ce furent, successivement, ceux du *Cid*, de *Britannicus*, *Phèdre*, *Zaïre*, *Amphitryon*, *Horace*, *Iphigénie*, *Polyeucte*, *Athalie* enfin. Dans le romantique, mêmes silhouettes inoubliables : *Marion de Lorme*, *l'Aventurière*, *Hernani*, *Ruy Blas*, *le Roi s'amuse*, *Hamlet*, *Henri III et sa cour*. A part *Œdipe Roi*, qu'il aimait tant, qu'il jouait avec un recueillement sublime. Ses créations furent peu nombreuses, mais plusieurs resteront de même attachées à jamais à sa mémoire : *Jean de Thommeray*, *la Fille de Roland*, *l'Étrangère* (Gérard), *Rome vaincue* (Vestaepor), *Par le glaive* (Strada), *le Fils de l'Arétin* (l'Arétin), *la Grève des forgerons*, *Othello*, *le Réveil* (le prince Grégoire) ; sans oublier l'œuvre, de lui-même, qu'il porta, par exception, à l'Odéon : *la Vieillesse de Don Juan*.

Mounet-Sully avait une voix à elle seule inoubliable, d'une souplesse, d'une ductilité, d'une beauté sonore constamment variée, puissante et douce, tendre et violente, qui donnait des ravissements de musique (souvenez-vous de son effet dans certains oratorios, dans le *Manfred* de Schumann par exemple.) Il avait aussi le geste vivant, le costume artistique. Il intéressait constamment, même quand il surprenait, même quand il choquait, On sentait en lui un enthousiasme travaillé de raisonnement et d'analyse. On sentait, selon l'expression de M. Henry Bidou, « non pas seulement la fougue et l'éclat, mais bien au contraire ce repli sur soi-même, qui fait du moi le personnage principal. Il ne cherchait pas du dehors à imiter Othello ou Hamlet ; il était hanté par eux. Une véritable substitution de conscience l'annihilait jusqu'à n'être plus qu'une sorte d'enveloppe visible, de gant, comme il disait, prêté à l'âme de l'autre. »

Sociétaire depuis 1874, il s'était trouvé le doyen de la maison de Molière vingt ans plus tard, au moment de la retraite de Got.

2 mars 1916.

Chelles (Paul-Clément Lechien), né à Avallon, le 11 avril 1844, était certes l'un des comédiens de notre temps qui ont eu une plus longue carrière et joué plus de rôles sur des scènes diverses. A peine avait-il obtenu un second accessit au Conservatoire, en 1865, qu'il courait les théâtres de faubourg pour y apprendre la vraie pratique de son art. On le vit à Montparnasse, Belleville, Cluny.... On le vit aussi à Saint-Pétersbourg.... Enfin il débutait, en 1880, à l'Odéon, dans le Barbaroux de *Charlotte Corday*, qui détermina son vif succès dans une foule de personnages caractéristiques et colorés, auxquels la mobilité de son visage, sa voix mordante, la sûreté de son geste, lui permettaient de donner un relief particulier. Voici dans quelles œuvres principales il parut ainsi : Odéon (1880-96) : *Jack, Mme de Maintenon, Un Voyage de noces, Marie Touchet, Mon fils, Othello* (Iago), *le Mariage d'André, Amhra, l'Honneur et l'argent* (Georges), *le Drame de la rue de la Paix, Formosa, Louis XI* (Nemours), *Horace, Athalie, les Jacobites, la Maison des Deux Barbeaux, Henriette Maréchal*; Ambigu (1886-89) : *le Fils de Porthos, les Mystères de Paris, Mathias Sandorf, la Jeunesse des Mousquetaires;* Théatre Historique (1890-91) : *Marie Stuart, Sainte Russie;* Ambigu (1893-96) : *Gigolette, les Chouans, la Belle Limonadière, les Gaîtés de l'Escadron, la Famille Martial, le Train n° 6, la Mendiante de Saint-Sulpice;* Odéon (1896-1902) : *Tartuffe, les Perses, Philoctète, Halifax, Britannicus, le Chemineau* (François), *le Mariage de Figaro* (Figaro), *Colinette* (Louis XVIII), *les Antibel, France d'abord, les Fourchambault, la Maison;* Théatre Antoine (1904-06) : *Oiseaux de passage, Discipline, Vieil Heidelberg;* Odéon (1906-07) : Les mêmes, plus *la Maison des juges.*

HENRI DE CURZON.

BIBLIOGRAPHIE

Camille Le Senne. — *Rimes tragiques*, préface de Paul Hervieu, de l'Académie française (P. Rosier, in 8°). — *L'Année sanglante*, préface de Henry Bérenger (Édition et librairie, in-8). — *Rouget de Lisle et la Marseillaise* (P. Rosier, in-8). — *Marie-Joseph Chénier et le Chant du départ* (Édition et librairie, in-8).

Associant dans la même ferveur littéraire son talent si multiple et cependant si personnel et son patriotisme militant, M. Camille Le Senne vient de publier, à quelques semaines d'intervalle, deux volumes de vers et deux études historiques directement inspirés, les uns et les autres, par les événements dont nous sommes tous acteurs ou témoins.

Les *Rimes tragiques*, le premier volume paru, ont eu l'honneur d'être préfacées par M. Paul Hervieu qui les a très finement caractérisées en ces quelques lignes :

« Vous avez tiré parti remarquablement d'un rythme rapide qui donne à ces strophes de guerre une allure d'escadrons marchant au feu avec décision et simplicité. Il m'a paru que l'on ne pouvait faire des héros de la tranchée un portrait plus glorieusement naturaliste que celui que vous avez su encadrer dans l'immortelle légende. »

L'*Année sanglante* fait suite à ce premier recueil dont le succès a été considérable dans toutes les récitations poétiques.

Dans son éloquente préface de ce nouveau volume, M. Henry Bérenger félicite l'écrivain qui plaisait par la délicatesse de sa critique, le chroniqueur, le conférencier, l'érudit soucieux de grâce, « de s'être dépouillé de ses subtiles élégances pour vibrer de tout son cœur de poète et crier bien haut ses haines ou ses enthousiasmes » et de traduire en vers tour à tour altiers et pittoresques nos impressions à tous, en ces jours de glorieuse épreuve. Et ce n'est pas un compliment banal, car *La lettre de Pauline à Ernest* — autre page humoristique — *A Van der Meulen, les Voiles, la Moisson amère, Ceux qui voient, Celles qui espèrent, les Stances à Corneille* (auxquelles il convient d'ajouter *l'Ode à Chopin* récitée au Père Lachaise pour l'anniversaire du grand compositeur) composent un des plus remarquables ensembles poétiques inspirés par la guerre. Nous extrayons de *l'Ode à Chopin* ces quelques strophes :

Maître nous t'apportons pour cet anniversaire,
Admirateurs pieux, la gerbe funéraire
    Qui doit ombrager ton sommeil ;
Mais peut-être, parlant aux formes étoilées
Dont la tombe des morts immortels est peuplée,
    Diras-tu : « quel est ce réveil?

« Sur la pente du mont, jadis, à chaque aurore,
« Comme un vibrant appel du grand Paris sonore,
« Des voix montaient vers mon tombeau,
« Et de cet Océan aux houleuses marées
« Au bord du monument chaque vague affleurée
« Me jetait un écho.

« N'est-il plus de baisers amers, plus de détresse,
« Plus de cœurs dont la plaie appelle la caresse
« Du prélude consolateur ?
« Plus de fantôme en deuil qui sur mes lacs se penche,
« Plus de gosiers brûlants dont la soif ne s'étanche
« Qu'au flux de mes douleurs ? »

Oui, Maître, tu dis vrai, depuis un an la guerre,
Martelant à grands coups son enclume, a fait taire
La passion et ses sanglots.
Un plus âpre concert dans notre cœur résonne.
Mais s'il n'est plus d'amants lorsque le canon tonne,
Il reste des héros.

Contre l'effort pesant des noires Walkyries,
Au firmament pourpré l'ange de ta patrie
Dresse son glaive à nos côtés.
Nous le voyons surgir dans la rouge fournaise
Le spectre radieux de l'âme polonaise
Qui n'a jamais douté !

Suis-les dans leur essor, suis-les dans la mêlée
Tes filles au front pur, les nobles envolées
Qui combattent le bon combat.
C'est ton farouche orgueil, c'est ton ardente fièvre,
La fleur au cœur saignant, éclose sur ta lèvre,
Qu'elles portent là-bas.

Mais un jour, au penchant de la morne colline,
Tandis qu'à l'horizon, du soleil qui décline
Rougeoira l'ardente splendeur,
Dans l'asile muet de ta veille éternelle
Des flocons noirs pleuvront, secoués par les ailes
D'un essaim de blancheurs.

Tu le verra passer ainsi qu'un météore
A la voix des clairons rythmant l'appel sonore
Aux fêtes du joyeux retour.
Oiseleur triomphant, ce seront tes colombes
Qui, revenant au nid, sèmeront sur les tombes
Les plumes du vautour.

Les deux publications historiques qui sont venues s'adjoindre à ces beaux poèmes n'offrent pas un moinde intérêt. *Rouget de Lisle et la Marseillaise* est la documentation originale et détaillée de l'éloquent discours prononcé à Choisy-le-Roy par le président du Souvenir littéraire, pour l'anniversaire de Rouget de Lisle, dans une cérémonie qui précéda de peu de jours et détermina le transfert aux Invalides des cendres du Tyrtée français. Et c'est également pour un anniversaire patriotique, celui de la publication du *Chant du Départ* que M. Camille Le Senne a réuni le dossier littéraire de Jonqueux, tribun à qui nous devons cette seconde Marseillaise.

A. SOUBIES.

Guillot de Saix et **Bernard Lecache.** — *Le Théâtre de demain*, préface de M. A. Brisson. Paris, édition de la France, in-12.

Des mots, des mots, évidemment; et personne de ceux qui les ont dits n'a pensé dire autre chose que des mots. Qui est-ce qui peut, aujourd'hui, répondre de demain? Mais les mots sont dits le plus souvent par gens d'esprit et de tête, et ils intéressent toujours. L'enquête menée par MM. Guillot de Saix et Lecache, et, sinon commentée, du moins appuyée par eux sur d'éloquentes notules biographiques, restera comme un écho original de nos écrivains, nos penseurs, nos artistes, au cours de cette période où il semble que tout ce qui est de l'esprit s'arrête et attende... Quels noms trouvons-nous ici? MM. A. Capus, Donnay, S. Reinach, Th. Dubois, Antoine, Bergerat, Bidou, Léo Claretie, Gavault, Ginisty, Le Senne, Rondel, Febvre..., et vingt, trente autres.

A. Joannidès. — *La Comédie-Française 1914-1915*, 2 vol. Paris, Plon, in-8.

Fidèlement, soigneusement, avec plus de renseignements que jamais, l'historiographe de notre Comédie-Française a fait paraître, à l'heure dite, son volume annuel, son état de la maison, son relevé du travail qui s'y est fait, sa chronique des événements essentiels qui ont marqués l'année écoulée. On notera surtout, comme un document nouveau, cette fois, la table alphabétique générale des pièces jouées depuis 1901; qui fait suite, par conséquent, à la grande table du volume paru il y a 15 ans et qui embrassait toute l'histoire de la Comédie jusqu'à 1900.

Albert Soubies. — *Almanach des Spectacles : Table duodécennale*, 1902-1913. Paris, Flammarion, in-18; prix : 5 fr.

Toutes les tables ont leur prix, parce que toutes sont utiles : c'est l'instrument indispensable et sûr, qu'on ne discute même pas. Mais toutes n'ont pas un intérêt indépendant, n'ont pas une éloquence propre, une richesse inépuisable d'idées à fournir. Or, c'est là le cas des tables dont M. Albert Soubies a tenu à parfaire sa lourde tâche annuelle de relevé des spectacles parisiens et provinciaux. Travail unique en son genre, et sans précédent, il a du moins un avantage pour la patience de qui l'entreprit : il n'est jamais ingrat.

On n'imagine pas la variété et l'inattendu des aperçus qu'il permet, des investigations qu'il incite, des conclusions qu'il impose. Ce ne sont que des titres, soit; mais combien significatifs! Aussi bien par le nombre des références qui les suivent, et leur date, que par leur libellé même. Voulez-vous savoir de quel côté souffla le vent du succès? Quelles évolutions suivit ce succès, et comment telle œuvre, qui semblait morte, reparut plus brillante que jamais? Êtes-vous curieux de deviner le fin mot de ces titres extraordinaires, bizarres, à double entente, si éphémères que déjà la date vous est nécessaire pour les rattacher à quelque vague souvenir, à quelque anecdote publique, à quelque fait historique, à quelque mode originale? La table répond à tout; rien qu'avec ses titres tout secs, que suivent, en abrégé, le chiffre de l'année et la page de la référence; rien qu'avec ces astérisques qui renvoient aux tables précédentes.

Car M. Soubies a commencé de bonne heure à sentir l'attrait singulier d'un tel relevé, et le présent volume est le troisième qu'il publie. Une table *générale* (1874-1891) a paru après les dix-huit premières années; puis une table *décennale* (1892-1901); enfin celle-ci, qui embrasse douze années, compte à elle seule 213 pages ou 426 colonnes, et forme le quarante-quatrième tome de la jolie collection. On ne saurait trop en féliciter son patient auteur, et le remercier.

Auguste Dorchain. — *Hymne aux cloches de Pâques, 1915.* — Paris, A. Lemerre, in-18. — *Noël au camp*, 25 décembre 1914. Paris, l'Aide morale, in-8.

Ce sont les vibrantes et sonores poésies dites sur la scène de la Comédie Française, par la voix émouvante de M. Mounet-Sully, le 4 avril 1915 et le 25 décembre 1914. Hélas! cette dernière date est celle où le lieutenant Pierre Ginisty tomba au champ d'honneur! Et c'est justement à lui, à son « héroïque et charmante mémoire » que M. A. Dorchain a eu la délicate pensée de dédier ses Cloches de Pâques, son hymne aux cloches muettes des beffrois en ruines, aux cloches sublimes des clochers vivants et qui sonnent la charge.

J. Ecorcheville. — *Catalogue de musique ancienne de la Bibliothèque Nationale.* Paris, [Terquem], 1910-1914. 8 vol. pet. in-4.

L'activité généreuse, avec laquelle Jules Ecorcheville, dès le début de la guerre actuelle, s'est employé comme officier, multipliant ses services et bravant la mort, qui l'a enfin fauché à son tour, héroïque et superbe, il l'avait déployée à tout instant, dans la vie civile, au profit de la musique et des sociétés s'intéressant à cet art. Président de la section française de la Société Internationale de musique (dont le siège est à Leipzig), il avait, comme tel, dirigé les travaux du congrès, qui, quelques semaines auparavant, s'était tenu à Paris; il avait, ô ironie, reçu lui-même, avec cette courtoisie empressée qui est l'honneur de la France, les nombreux musicographes Austro-Allemands accourus dans notre capitale comme pour un avant-goût de conquête. — Il venait tout juste de terminer l'œuvre principale où ses goûts personnels l'avaient conduit, ce *Catalogue du fonds de musique ancienne de la Bibliothèque nationale*.

L'ouvrage, déjà considérable, et dont pourtant on eût vivement désiré qu'il le fût davantage, comprend huit volumes, suivant l'ordre alphabétique. Il donne le dépouillement exclusif des séries *V* (Beaux Arts) et *Vm* (Musique), et comprend aussi bien des livres sur la musique que des partitions, manuscrites ou gravées. On n'a voulu y joindre, ni les ouvrages classés dans les autres séries de ce même département des Imprimés (Liturgie, notamment), ni ceux du département des Manuscrits (ceux du moyen âge surtout, et les exotiques). Comme limite, l'année 1750. On a assez vivement critiqué ce parti; on l'a traité d'arbitraire. Il l'est assurément. Mais quoi? Toute autre date eût été critiquée de même, et aussi justement. Il fallait bien poser une limite.

Ce catalogue, cet inventaire d'archives, car il est un peu l'un et l'autre, n'est pas une œuvre bibliographique et critique. Il appartient aux chercheurs d'en tirer eux-même les conclusions où les amène leur travail. Le système *thématique*, employé pour les morceaux de musique isolés, les manuscrits et les anonymes surtout, c'est-à-dire l'indication de leurs premières mesures, permet les rapprochements et les identifications, qui eussent été impossibles autrement. Ces identifications ont été parfois notées, mais il resterait encore beaucoup à faire pour les compléter. Pensez que la rubrique *Airs* et les recueils d'*Airs* remplissent presque entièrement les deux premiers tomes. Si l'analyse de ces recueils, si la description des volumes, est volontairement très sommaire, l'auteur n'a pas renoncé pour céla à relever l'austérité de ces pages de quelques reproductions photographiques de titres d'ouvrages, de musique, d'autographes.

Parmi les articles particulièrement neufs et précieux, on notera les *Ballets*, les *Chansons*, les pièces de *Clavecin*, les suites de *Danses*, les *Madrigaux*, les *Marches*, les *Messes*, les *Motets*, les *Sonates*, les *Tablatures*.., tous recueils plus ou moins anonymes, dont l'inventaire prend parfois des développements considérables (les motets comprennent 80 pages, les tablatures 57). Parmi ceux qui groupent les œuvres du même musicien, on appréciera singulièrement ce qui concerne Chrétien Bach, Blanchard, Boësset, Carissimi, Chambonnières, A. Charpentier (et ses 28 volumes de mélanges autographes, achetés en 1727 et jamais classés, dont l'analyse comporte 68 pages ici), Desfontaines, Dumont, Galuppi, Haendel, Hasse, Lalande, Lambert, Lully (18 pages), Marcello, Mouret, Naudot, Palestrina, Pergolese, les Philidor, Porpora, Rameau (12 pages, collection unique), Rebel, Rinaldo da Capua, Luigi Rossi (17 pages), J.-J. Rousseau (ses manuscrits originaux), les Scarlatti, Vivaldi.

Il faut louer grandement un tel travail, et, avec de trop justes regrets, adresser de vifs remerciements à son auteur. Les services sont grands, que pourra rendre une œuvre qui lui fait tant d'honneur. Le principal serait sans doute qu'il fût imité partout, et poursuivi. Le sera-t-il ?

***

Les amis et collaborateurs de Jules Ecorcheville, MM. Louis Laloy, Lionel de la Laurencie et Émile Vuillermoz, ont publié, hors commerce, une très intéressante brochure, émouvante dans son texte, élégante dans sa forme, sous le titre : *Le Tombeau de Jules Ecorcheville, suivi de lettres inédites.*

H. DE C.

TABLE

BESANÇON — IMPRIMERIE JACQUES ET DEMONTROND

www.ingramcontent.com/pod-product-compliance
Ingram Content Group UK Ltd.
Pitfield, Milton Keynes, MK11 3LW, UK
UKHW022110190726
13855UKWH00002B/755